基金资助：潍坊科技学院科研启动资金项目“山东省智慧农业运营管理的关键问题、作用机制及实现路径研究”（SKRC 2023007）。

智慧农业运营管理的发展路径研究

王洪成　王　彤　著

中国农业出版社
北　京

图书在版编目（CIP）数据

智慧农业运营管理的发展路径研究 / 王洪成，王彤著. -- 北京 ：中国农业出版社，2025. 8. -- ISBN 978-7-109-33545-5

Ⅰ. F306

中国国家版本馆 CIP 数据核字第 2025AU6605 号

智慧农业运营管理的发展路径研究

ZHIHUI NONGYE YUNYING GUANLI DE FAZHAN LUJING YANJIU

中国农业出版社出版

地址：北京市朝阳区麦子店街 18 号楼

邮编：100125

责任编辑：边　疆　张潇逸

版式设计：小荷博睿　　责任校对：吴丽婷

印刷：北京中兴印刷有限公司

版次：2025 年 8 月第 1 版

印次：2025 年 8 月北京第 1 次印刷

发行：新华书店北京发行所

开本：720mm×960mm　1/16

印张：9

字数：116 千字

定价：78.00 元

前言

随着信息技术的飞速发展和全球人口的不断增长，农业作为人类生存与发展的基础产业，正面临着前所未有的挑战与机遇。传统农业依赖于大量的人力、物力等资源，生产效率低下，且易受自然灾害、病虫害等外部因素影响，难以满足现代社会对食品安全、生态可持续性及高效产出的需求。在此背景下，智慧农业应运而生。智慧农业是一种以物联网、大数据、云计算、人工智能等现代信息技术为支撑，以农业生产精细化、智能化管理为核心，以农业产业链协同发展为目标的新型农业发展模式，旨在提高农业生产效率，优化资源配置，减少环境污染，保障粮食安全。

智慧农业的发展不仅是技术革新的体现，更是农业发展模式转型的必然趋势。从田间地头的智能监测到温室大棚的精准控制，从农产品追溯体系到农业大数据平台的建立，智慧农业正逐步渗透到农业生产的各个环节，引领农业向现代化、智能化方向迈进。我国智慧农业历经起步探索、初步发展及快速发展阶段，在科技创新、应用推广及产业生态构建上均取得重大突破。然而，智慧农业的推广与应用并非一帆风顺，其运营管理过程中存在的诸多挑战，如技术集成难度大、成本投入高等问题，亟须通过深入研究加以解决。

因此，本书基于智慧农业运营管理的基础理论，分别从智慧农业生产管理、智慧农业供应链管理、智慧农业市场营销与客户关系管理、智慧农业风险管理、智慧农业人才培养与团队建设等方面对智慧农业运营管理展开具体研究，展望了智慧农业运营管理的可持续发展路径，旨在为智慧农业运营管理的未来发展提供全面而深入的洞察。

在基础理论方面，本书主要基于古典管理理论、行为科学理论、现代管理理论等展开研究。古典管理理论是运营管理的重要理论基石之一，主要包括科学管理理论、一般管理理论和行政组织理论。行为科学理论侧重于研究人的行为和心理对管理的影响，人际关系理论是行为科学理论的重要组成部分。现代管理理论呈现出多元化的发展趋势，包括系统管理理论、权变管理理论、质量管理理论等。

展望智慧农业运营管理的发展趋势：第一，智慧农业的核心在于智能化与自动化技术的应用，这一趋势在未来将更加明显。随着传感器技术、机器视觉、深度学习等技术的不断进步，农业生产过程中的监测、控制和管理将实现更高程度的智能化。第二，智慧农业的发展不限于农业生产环节，它还涉及农产品加工、销售、物流等多个环节。未来，智慧农业将更加注重产业链整合与协同管理，以实现整个产业链的智能化和高效化。第三，绿色可持续发展是智慧农业的重要目标之一。未来，随着全球气候变化和资源环境压力的加剧，智慧农业将更加注重绿色可持续发展理念的深化和实践。第四，智慧农业的发展不仅带来了技术上的变革，还催生了新的服务模式。未来，智慧农业将更加注重服务模式的创新，以满足农业生产者的多样化需求。

智慧农业的发展离不开先进技术的支持，面临着巨大的市场需求和产业升级机遇，既需要大量的资金投入和政策扶持，更需要广大农民的积极参与和配合。未来，智慧农业运营管理应在物联网技术的深化应用、大数据与云计算技术的融合应用、人工智能技术的广泛应用、区块链技术的探索应用等方面加强技术创新与研发投入；政府应出台针对智慧农业的多项扶持政策，鼓励社会投入智慧农业领域，形成多元化的资金投入机制；还应从普及智慧农业知识、开展技能培训、培育高素质农民、推动农民创新创业等方面加强农民素质与技能培训；此外，在推动智慧农业可持续发展方面，应促进农业与信息技术的深度融合，推动农业与第二、三产业的融合发展，构建智慧农业产业生态体系，推动智慧农业区域协同发展。

由于作者水平有限，加之时间仓促，本书难免存在一些不足，在此恳请同行专家和读者朋友批评指正。

著　者

2025年5月

目录

前言

1 智慧农业概述

1.1 智慧农业的定义

智慧农业是农业发展进程中的一次深刻变革，它是将现代信息技术与农业生产、经营、管理和服务全链条深度融合的新型农业模式。第一，从技术层面来看，智慧农业依托物联网（IoT）、大数据、云计算、人工智能（AI）、区块链等前沿技术，实现对农业生产环境的精准感知、智能决策和高效执行。第二，从生产经营角度而言，智慧农业打破了传统农业的粗放式管理和经验式作业模式，促使农业迈向精细化、智能化管理。它涵盖了农业生产的各个环节，包括种植、养殖、农产品加工、仓储物流等。例如，在种植领域，智能农机装备的应用能够实现精准播种、施肥、喷药、收割等作业，提高作业效率和质量，减少人工成本和资源浪费。第三，从产业链协同视角出发，智慧农业促进了农业产业链各环节之间的紧密连接和高效协同。它通过信息共享平台和电子商务平台，将农产品生产者、加工企业、销售商、物流企业以及消费者紧密联系在一起，实现了农产品从田间到餐桌的全程可追溯和高效流通。

综上所述，智慧农业是一种以现代信息技术为支撑，以农业生产精细化、智能化管理为核心，以农业产业链协同发展为目标的新型农业发展模式。它为解决传统农业面临的资源短缺、环境污染、效益低下等问题提供了有效途径，是实现农业现代化和可持续发展的必然选择。

1.2 智慧农业的内涵

1.2.1 数据驱动的农业生产决策

智慧农业的核心内涵之一是数据驱动的农业生产决策。在传统农业中，农民主要依靠长期积累的经验和有限的本地气象条件、土壤等信息来安排农事活动，这种决策方式往往具有主观性和局限性。智慧农业通过广泛部署的传感器网络和数据采集设备，能够获取海量的农业生产数据，包括农田环境数据、作物生长数据、气象数据、市场供需数据等。这些数据被集中存储在大数据平台上，并利用先进的数据挖掘、分析和建模技术，寻找出数据背后的规律和趋势，为农业生产决策提供科学依据。例如，通过对多年的气象数据和作物产量数据进行分析，可以建立气象灾害预警模型和作物产量预测模型。当预测到即将发生气象灾害时，系统可以提前向农民发出预警信息，指导农民采取相应的防范措施，如提前收割、加固设施等，减少灾害损失。同时，根据作物产量预测模型，可以提前预估农产品的产量和市场供应情况，为农产品销售和加工企业制定生产计划和采购策略提供参考，避免农产品滞销或供应不足的情况发生。

1.2.2 智能化的农业生产过程控制

智慧农业的内涵深刻而丰富，其在智能化生产过程控制方面的表现尤为突出，正逐步重塑传统农业的面貌，引领农业迈向现代化。借助物联网、人工智能以及自动化控制技术，智慧农业为农业生产构建起了全方位的智能感知与精准调控体系。

在农业生产设施领域，智能温室与智能养殖场等现代化设施成了智慧农业的典型代表。在智能温室之中，各类先进的传感器星罗棋布，它们如同敏锐的感官，实时监测着温室内的温度、湿度、光照以及二氧化碳浓度等关键环境参数。当温度逾越设定的适宜阈值而过高时，智能控制系统便会迅速响应，精准地启动通风设备，引入外界的清凉空气，同时指令遮阳帘徐徐展开，巧妙地削弱阳光的直射强度，从而有效降低温室内的温度，为作物营造出凉爽舒适的生长环境。当光照强度不足，无法满足作物光合作用需求之际，补光灯便会自动亮起，及时补充光照，确保作物能够充分吸收光能，茁壮成长。

在广袤的田野间，智能农机装备的应用更是让农业作业焕发出前所未有的精准与高效。以智能播种机为例，它犹如一位智能农业专家，在作业前便已根据土壤肥力状况的详细检测数据、地形地貌的复杂特征以及不同作物独特的种植要求，进行了精密的作业规划。在实际播种过程中，其能够精确无误地控制播种深度，确保种子被深埋于最适宜的土壤层中；能够严格调控株距和行距，使得每一粒种子都能在土壤中均匀分布，充分享受阳光、水分和养分，极大地提高种子的发芽率与成活率，为作物的高产稳产奠定了坚实基础。

智能灌溉系统同样展现出卓越的智慧。土壤湿度传感器如同忠诚的卫士，实时监测着土壤中的水分含量，并将数据迅速反馈至控制系统。控制系统依据这些数据，精准地计算出所需的灌溉时间和水量，自动开启或关闭灌溉设备，实现了真正意义上的精准灌溉。

农业的智能化生产过程控制，实现了农业生产从传统的粗放式管理向精细化、智能化管理的巨大转变。它不仅大幅提升了农业生产的效率和质量，降低了生产成本和资源消耗，更为保障农产品的稳定供应、提高农民的收入水平以及促进农业生态环境的良性循环开辟了新的路径。可以预见，随着科技的不断进步与创新，智慧农业必将在未来的农业发展中绽放更加绚烂的光彩，为人类创造更加丰富、优质和可持续的农业产品与服务。

1.2.3 农业资源的高效利用与可持续管理

在当今时代，智慧农业作为农业发展的前沿趋势，高度强调农业资源的高效利用以及可持续管理，其对于推动农业现代化进程、保障粮食安全与维护生态平衡具有不可估量的深远意义。

智慧农业凭借一系列精准的生产技术与智能化管理手段，犹如一位精打细算的管家，全方位地提升农业资源的利用效率，同时将资源浪费与环境污染降至最低限度。以水资源的利用为例，智慧农业采用了诸如滴灌、喷灌、微灌等先进的精准灌溉技术。这些技术绝非简单的灌溉方式革新，而是依托于对作物需水特性的深入研究以及对土壤墒情的实时精准监测。通过密布于田间的传感器网络，系统能够精确地感知作物在不同生长阶段的水分需求，并结合土壤湿度、气候条件等多方面因素，精密地计算出最为适宜的灌溉水量与时间节点。如此一来，每一滴水都能被精准送达作物根系周围，真正实现了水资源的物尽其用。与传统大水漫灌粗放式的灌溉模式形成鲜明对比，这种精准灌溉方式不仅有效避免了水资源的大量浪费，还极大地减少了因过度灌溉导致的土壤侵蚀问题，守护了土地的肥力与生机，有力地推动了农业的可持续发展。

在肥料使用环节，智慧农业同样展现出令人惊叹的精准性与科学性。基于土壤养分传感器与作物生长模型构建而成的精准施肥技术，为合理施肥提供了前所未有的精准指导。传感器深入土壤之中，如同敏锐的探针，精确测定土壤中各种养分的含量，并将这些数据实时传输至智能管理系统。与此同时，作物生长模型则依据作物的品种特性、生长阶段以及预期产量等多维度信息，精准预测作物在不同时期对氮、磷、钾等各类养分的需求。智能管理系统综合两者数据进行深度分析与运算，进而精确计算出每一块农田上的每一种作物在特定生长阶段所需的施肥量与施肥时间。这种精准施肥模式彻底改变了以往凭经验施肥的盲目性，从根本上杜绝了肥料的过量使用与流失现象，大幅降低了农业面源污染，为土壤健康与生态环境筑牢了防护堤。

此外，智慧农业对于农业废弃物的处理也彰显出卓越的循环经济理念与生态智慧。以往被视为累赘的农作物秸秆，如今在智慧农业的框架下摇身一变，成了极具价值的资源宝库。通过一系列先进的生物技术与加工工艺，秸秆能够被转化为生物燃料，为农业生产提供清洁的能源动力；秸秆也可被加工成优质的饲料，满足畜禽养殖的饲料需求；秸秆还能被制成有机肥料，反哺农田，促进土壤肥力的提升与结构的优化。同样，畜禽粪便也不再是污染环境的源头，经过无害化处理与资源化利用的关键环节，畜禽粪便被转化为沼气、有机肥料等多种有用产品。这种对农业废弃物的循环利用模式，不仅成功变废为宝，减少了废弃物对环境的直接污染，更促进了农业生态环境内部的物质循环与能量流动，构建起了一个良性互动、可持续发展的农业生态系统。

智慧农业在农业资源高效利用与可持续管理方面的出色表现，无疑为农业的未来发展描绘出了一幅绿色、高效、可持续的壮美画卷。它不仅是应对全球资源约束与环境挑战的有力武器，更是实现农业现代化转型、乡村振兴以及人与自然和谐共生的重要基石。随着科技的持续创新与广泛应用，智慧农业必将在全球范围内掀起一场深刻而持久的农业革命，引领人类走向更加繁荣、美好的农业新时代。

1.2.4 农业产业链的协同创新与价值增值

智慧农业的内涵还包括农业产业链的协同创新与价值增值。在智慧农业模式下，农业产业链各环节之间通过信息共享平台和电子商务平台实现了紧密的协同合作，促进了产业链的整合和优化。农产品生产者可以通过平台及时了解市场需求和价格动态，调整生产计划和品种结构，提高生产效益。农产品加工企业可以与生产者建立稳定的合作关系，实现农产品的就地加工转化，提高农产品附加值。销售商可以通过平台直接与生产者和加工企业对接，减少中间环节，降低流通成本，提高农产品的市场竞争力。物流企业可以根据农产品的特性和销售订单，优化配送路线和运输方式，确保农产品能够新鲜、快捷地送达消费者手中。消费者可以通过扫描农产品包装上的二维码，获取农产品的产地、种植过程、施肥用药情况、采摘时间、加工过程等详细信息，从而放心消费。

同时，智慧农业还催生了一系列新的农业产业形态和商业模式，如农业电商、农业大数据服务、农业金融服务、农业智能装备制造等。这些新兴产业的发展为农业产业链带来了新的价值增长点，推动了农业产业的升级和转型。例如，农业电商平台的兴起，打破了传统农产品销售的地域限制，拓宽了农产品的销售渠道，使农民能够直接面向全国乃至全球的消费者，提高了农产品的销售价格和农民收入。农业大数据服务企业通过对农业数据的分析和挖掘，为农业生产经营者提供精准的市场信息、生产技术指导和风险管理服务，提高了农业生产经营的决策水平和效益。农业金融服务机构根据农业生产经营者的信用状况和生产经营数据，为其提供便捷的金融服务，如贷款、保险等，解决了农业生产资金短缺和风险保障问题。农业智能装备制造企业通过研发、生产先进的智能农机装备和农业传感器等产品，为智慧农业提供了物质技术支撑，推动了农业生产方式的变革和升级。

智慧农业的定义与内涵体现了信息技术与农业深度融合所带来的全方位变革和创新，它不仅改变了农业生产的方式和效率，也重塑了农业产业链的结构和价值创造模式，为农业现代化和可持续发展注入了强大动力。

1.3 智慧农业在中国的发展历程

我国智慧农业历经起步探索、初步发展及快速发展阶段，在科技创新、应用推广及产业生态构建上均取得重大突破。我国农业农村现代化及乡村振兴基础稳固扎实，但也要留意，我国智慧农业推进途中面临研发技术有待升级等多种困难，需在未来的发展中解决。

1.3.1 起步探索阶段（20 世纪 90 年代—2005 年）

20 世纪 90 年代，随着计算机技术和信息技术在全球范围内的兴起，我国开始关注信息技术在农业领域的应用潜力。一些科研机构和高校率先开展了相关研究和试点工作，主要集中在农业信息系统的开发和农业数据库的建设上。例如，中国农业科学院等单位建立了农业科技信息数据库，收集和整理了大量的农业科研成果、品种资源、农业技术等信息，通过光盘、网络等形式向农业科研人员、农业企业和农民提供信息服务。这一时期，虽然信息技术在农业中的应用还处于初级阶段，但为后来智慧农业的发展奠定了一定的技术基础和信息资源基础。

跨入 21 世纪的开端，互联网技术日益普及，移动通信技术不断进步，我国政府强化对农业信息化发展的扶持，实施了一系列方针政策，倡导各方力量共同推进农业信息化。若干农业及互联网企业加入农业电商行列，搭建了农业资讯网站及农产品交易网络平台，尝试进行农副产品在线营销与农业资讯服务，例如，各大电商平台陆续开辟农产品销售板块，为农产品拓宽了新的销售渠道。同时，部分地区率先实施农业信息化示范点，探讨信息技术与农业结合的应用途径，例如，若干蔬菜栽培区域配备了初级的环境监控单元，实施对温室大棚内环境参数的监控及调整策略，成功实现了农业生态环境的数字化监测。

1.3.2 初步发展阶段（2005—2015年）

2005年以后，随着物联网、大数据、云计算等新兴技术的快速发展，我国智慧农业进入了初步发展阶段。在这一阶段，政府进一步加大了对智慧农业的政策支持和资金投入，组织实施了一系列重大科技专项和示范工程，推动智慧农业技术研发和应用推广。例如，国家科技支撑计划等将智慧农业相关技术研发列为重点项目，支持科研机构和企业开展物联网农业应用、农业大数据分析、智能农机装备研发等关键技术研究。

农业生产实践范畴。物联网技术成为农业新宠，众多农业园区及种植、养殖大户纷纷搭建物联网传感器网络，对农业生态环境与作物、畜禽生长情况进行实时跟踪与智能管理，例如，在数个规模庞大的养殖区，置入了智能喂食器、自动供水设备、环境监测仪等智能化养殖器械，采用物联网技术实现养殖自动化与智能化。滴灌、喷灌等农田精准灌溉技术的推广范围扩大，将土壤墒情监测器与气象数据相结合，成功实施了灌溉的精细化管理。智能农业设备研发迈上新台阶，在部分地区实施无人驾驶拖拉机等示范项目，提升了农业作业效能与品质。

农业经营管理范畴。农业电子商务迅速扩张，农业电商平台如雨后春笋般崛起，如综合性的在线交易平台、针对农产品交易的垂直类电商平台等，众多农民及农业公司依托电商渠道拓展农产品销售及开展品牌宣传，农产品网络销售规模逐年上升。同时，农业供应链管理引入新科技，实施农产品源头追溯项目，实现了农产品从源头到终端的信息跟踪，提升了农产品质量安全管理水平。农业资讯服务领域，各地陆续搭建农业信息共享平台，依托短信、手机App等传播渠道，向农民提供气象预报、农业指导、市场行情资讯等信息，优化了农民获取信息的简易性和迅速性。

1.3.3 快速发展阶段（2015 年至今）

2015 年以来，随着国家“互联网+”战略的深入实施和乡村振兴战略的全面推进，我国智慧农业进入了快速发展阶段。政府高度重视智慧农业在农业农村现代化建设中的重要作用，出台了一系列有力的政策措施，加大对智慧农业的支持力度。例如，《数字乡村发展战略纲要》《农业农村部关于大力发展智慧农业的指导意见》等文件的出台，为智慧农业的发展提供了明确的政策导向和行动指南。

智慧农业技术进步迅猛，我国农业正积极运用物联网、大数据、云计算、人工智能、区块链等现代技术。第一，人工智能技术在农业病虫害检测、作物产量预估、畜禽养殖管控等方面实现重大突破。依托大量农作物病虫害图像及数据开展训练，AI 模型可迅速精准地鉴定病虫害类型，并实施相关预防办法。第二，农业大数据技术实施状况良好，数据量急剧增加，数据质量及分析实力大幅进步。我国农业大数据系统可对众多农业相关数据进行即时挖掘与分析，助力农业决策更精准、更全面。第三，农产品质量追溯与农业供应链金融领域充分利用区块链技术的分散账本与加密功能，实现了农产品信息不可篡改及可追溯，提高了农产品信息透明度和对农产品质量的信任度，稳固了农业供应链金融安全。

我国智慧农业发展路径多样。各地出现大量智慧农业示范园区、基地及企业，构建了多条可借鉴、可推广的智慧农业发展路径，智慧农业示范园区建设及典型经验推广成效明显。例如，山东省寿光市开展智能化蔬菜种植，借助智慧农业，提高了农业产出效率、农产品质量及农业经济成效，成为全国智慧农业领域的标杆。

同时，智慧农业对实施乡村振兴战略贡献显著。比如，发展智慧农业产业，困难地区的农业产业完成了升级换代，农民经济收入明显上升，助力乡村振兴战略有序推进。

此外，我国在智慧农业生态构建上迈出坚实步伐，我国企业、科研院所、高校及金融机构等争相加入智慧农业行列，促进了“政产学研金用”共同创新的良性互动。我国农业智能装备制造业稳步扩张，研制出具有我国自主知识产权的智能农业装备及农业传感器。农业大数据服务企业、农业电商企业、农业金融服务企业等迅速成长，推动我国智慧农业迈向新高度。同时，智慧农业人才培养模式逐步成熟，各大院校竞相开设智慧农业专业与课程，培养了大批专业技术与管理人才，助力智慧农业飞跃。

1.4 智慧农业的特征

1.4.1 精准性

精准性是智慧农业的关键属性。智慧农业采用高端的传感器技术、卫星定位技术、地理信息技术等，实现农业环境与作物生长状态的精准探测与监测。借助卫星遥感及无人机航拍手段，可获取农田高分辨率影像与植被指数资料，实时捕捉作物生长动态、农田水分分布及病虫害发生数据。通过利用采集的精细数据，制定精准农业解决方案，实现决策作业精确化。例如，在农田中，采用高精度土壤监测设备，精准监测土壤湿度、温度及养分含量等数值，误差能够被严格限制在极小空间；结合作物需肥需水特点及土壤肥力条件，精准设定施肥量、施肥时间、灌溉水量及灌溉时刻，成功阻断传统农业施肥灌溉过量或不足引起的资源浪费与生态破坏；对农业病虫害的发生实况及分布地带实施精准监控，能有的放矢地规划防治对策，采取生态治理、机械治理及精准用药等途径，努力降低病虫害的损害，同步减少农药施用量及残留量，提升农产品质量安全水平。

1.4.2 智能性

智能性是智慧农业的核心支撑。智慧农业采用物联网、大数据、云计算、人工智能等尖端技术，展现出色的智能决策及自动控制本领。在农业耕作阶段，可依赖实时监测数据，运用人工智能技术及大数据分析手段，自动实施分析决策，借助自动化设施对农业生产环境及作业环节实施智能调节。在畜牧产业，智能养殖平台可参照畜禽生长阶段、体重等数据源，自动调整饲料配比并投喂，实现智能化畜牧养殖监管，提高养殖生产率，减少人力成本与劳动负荷。

1.4.3 高效性

智能农业显著促进了农业效率增长。一方面，实施精准农业与智能装备技术，减少了农业生产的资源浪费及无效劳动。例如，精准施肥可增强肥料利用效能，减少肥料浪费；智能农机装备推动农业效率的提高，减少了农事作业时长。另一方面，智能农业促进农业各阶段协同作业，促进了农业全链条效率增长。例如，电商平台助力农产品销售打破地域限制，消除信息不对称现象，让农产品迅速、方便地销往全国各地，减少了农产品流通阶段数和流通费用。同时，运用智慧农业技术，农业资源利用效率得到提高，采用大数据分析与市场预判，可依据市场需求合理规划农业发展路径，加强农业资源整合，防止农产品供需波动，增强农业经济产出。

1.4.4 创新性

智慧农业是农业领域的创新典范，具有很强的创新性。它不仅在技术应用上融合了多种前沿技术，创造了新的农业生产方式和管理模式，还在农业产业形态和商业模式上催生了一系列创新成果。

1.5 智慧农业的关键技术分析

1.5.1 物联网技术

物联网技术作为智慧农业的核心支撑之一，构建起了农业生产环境与信息系统之间的紧密桥梁。其在农业领域的应用涵盖了从数据采集到设备控制的多个层面，实现了农业生产的智能化感知与精准调控。

数据采集环节，通过各类传感器对农业生产中的关键参数进行实时监测，包括土壤湿度、温度、光照强度、作物生长状况等。例如，在大型农田中，分布式的土壤传感器网络可以全面覆盖不同区域的土壤，为精准农业决策提供详尽的数据基础。气象传感器则专注于收集气温、气压、降水、光照强度、风速风向等气象数据。这些气象信息不仅有助于预测天气变化对农作物生长的影响，还能为灌溉、病虫害防治等农事活动提供参考依据。例如，在暴雨来临前，气象传感器及时预警，农民可提前做好农田排水准备，防止洪涝灾害对农作物造成损害。此外，针对农作物生长状况的监测，图像传感器和光学传感器发挥着重要作用。它们可以获取农作物的形态、颜色、纹理等图像信息以及光谱反射率数据，通过分析这些数据能够判断农作物的健康状况、生长阶段以及是否遭受病虫害侵袭。

传输数据方面，物联网采用多样化的通信技术，保证传感器收集的数据稳定传输至数据处理中心或云端，普遍采用的无线传输技术主要有Wi-Fi、蓝牙、紫蜂技术（ZigBee）等，适用于农田及农业设施的数据传输场合。例如，在智能温室之中，温室环境数据由 ZigBee 传感器网络发送至本地控制设备及网关，实现长距离数据传输的瓶颈分析。4G、5G 移动通信及卫星通信技术发挥核心作用，尤其在辽阔的农田地带或偏僻山区，5G技术的高速与低延迟特性引人注目，可实现大量传感器数据的高速上传，及时发出远程操控信号。例如，在巨大的农场地带，依托5G网络，将分布各处的传感器数据即时传送到农场监控平台，管理人员可随时跟踪农场生产进度，根据情况及时进行处理。

农业设备控制领域，物联网技术展现出强大实力。依托所采集资料与既定控制方案，物联网系统对农业灌溉、施肥、通风、遮阳及养殖环境调控设备实施自动化控制。在智能农业养殖行业，养殖环境参数与设备运行状态自动匹配，打造畜禽理想的生长空间。例如，饲养环境中温度偏高阶段，物联网系统自动开启通风设施及降温水帘，降低室内气温，防止家禽中暑。

1.5.2 大数据技术

大数据技术在智慧农业中扮演着数据存储、管理与分析挖掘的关键角色，为农业生产决策提供了科学依据和深度洞察。

在数据存储与管理方面，智慧农业产生的海量数据需要强大的存储和管理系统。传统的数据库管理系统难以满足智慧农业数据的存储需求，因此分布式文件系统和非关系型的数据库（NoSQL数据库）应运而生。例如，Hadoop分布式文件系统（HDFS）能够将大量的农业数据分散存储在多个节点上，具有高可靠性、高扩展性和高容错性的特点。NoSQL数据库（如MongoDB、Cassandra等）则适用于存储非结构化和半结构化的农业数据，如农业图像、视频、文本数据等。这些数据存储技术能够有效地组织和管理智慧农业中的各类数据，包括传感器采集的实时数据、农业生产历史数据、气象数据、市场数据、农业知识库数据等，为后续的数据分析挖掘奠定基础。

大数据分析挖掘技术是大数据在智慧农业中的核心应用。通过数据挖掘算法和机器学习模型，可以从海量的农业数据中提取有价值的信息和知识，实现农业生产的精准预测和优化决策。在农作物产量预测方面，利用历史气象数据、土壤数据、农作物生长数据以及历年产量数据等，构建机器学习预测模型，如多元线性回归模型、支持向量机模型、神经网络模型等。这些模型能够分析影响农作物产量的各种因素之间的复杂关系，预测不同地块、不同作物品种在未来生长季节的产量趋势。例如，通过分析多年的气象数据和小麦产量数据，建立神经网络模型预测小麦产量。在农业病虫害预测方面，基于病虫害监测数据、气象数据、农作物生长数据等，采用时间序列分析、聚类分析、关联规则挖掘等数据挖掘技术，预测病虫害的发生时间、发生地点、发生程度以及传播路径。例如，通过分析历史病虫害数据和气象数据，发现某些病虫害在特定的气温、湿度条件下容易暴发，当监测到这些气象条件出现时，及时发出预警信息，指导农民采取预防措施，降低病虫害损失。

大数据技术还在农业资源优化配置方面发挥着重要作用。通过对农业生产数据、市场需求数据、农业投入品价格数据等的综合分析，可以优化农业生产布局、合理安排农业生产计划、优化农业投入品配置。例如，根据不同地区的土壤肥力、气候条件、水资源状况以及市场对不同农产品的需求，利用大数据分析确定各地适宜种植的作物品种和养殖的畜禽种类，实现农业资源的高效利用和农业生产的区域化布局优化。同时，通过分析农业投入品价格波动趋势和农产品市场价格走势，合理确定施肥量、施肥时间、灌溉水量以及农业机械使用时机等，降低农业生产成本，提高农业经济效益。

1.5.3 云计算技术

云计算技术为智慧农业提供了强大的计算能力、存储资源和灵活的服务模式，有力地支持了智慧农业系统的高效运行。

云计算的基础设施即服务（IaaS）为智慧农业提供了虚拟化的计算资源、存储资源和网络资源。农业企业和科研机构无需自行建设大规模的数据中心和服务器机房，只需通过互联网租用云计算服务提供商的计算资源和存储资源，即可满足智慧农业系统对计算能力和数据存储的需求。例如，在进行大规模的农业气象模拟计算或农业大数据分析时，利用云计算的弹性计算能力，可以快速分配所需的计算资源，提高计算效率，缩短计算时间。同时，云计算的存储服务能够确保智慧农业数据的安全可靠存储，采用数据冗余备份、数据加密等技术，防止数据丢失和泄露。

云计算的平台即服务（PaaS）为智慧农业应用开发提供了便捷的开发环境和工具。农业软件开发企业可以基于云计算平台开发各种智慧农业应用程序，如农业生产管理系统、农产品质量追溯系统、农业电商平台等。云计算平台提供了丰富的开发框架、数据库管理系统、中间件等开发工具，降低了智慧农业应用开发的难度和成本，提高了开发效率。例如，开发一个基于云计算的农业生产管理系统，开发人员可以利用云计算平台提供的 Web 开发框架、数据库服务等工具，快速构建系统的前端界面和后端数据管理功能，实现对农业生产过程的信息化管理。

云计算的软件即服务（SaaS）为智慧农业用户提供了直接可用的应用服务。农业生产者、农业企业管理者、农业技术人员等无需安装和维护复杂的软件系统，只需通过互联网浏览器或移动应用程序，即可使用云计算平台提供的各种智慧农业服务。例如，农业生产者可以使用云计算平台提供的农业气象服务，获取实时气象信息和气象灾害预警；使用农产品质量追溯服务，实现农产品从田间到餐桌的全程信息追溯；使用农业技术咨询服务，在线咨询农业专家，获取农业生产技术指导和解决方案。云计算的SaaS模式使得智慧农业服务更加便捷、高效、低成本，促进了智慧农业技术的广泛应用和推广。

1.5.4 人工智能技术

人工智能技术在智慧农业中的应用日益广泛，为农业生产带来了智能化的变革和创新。在农作物生长监测与管理方面，人工智能图像识别技术和计算机视觉技术发挥着重要作用。例如，利用深度学习算法训练的图像识别模型可以准确识别玉米、小麦、水稻等不同农作物的幼苗，为精准田间管理提供依据。在农作物病虫害监测中，人工智能模型可以对农作物叶片上的病斑、害虫形态等图像特征进行识别和分类，快速判断病虫害的种类和严重程度，并及时发出预警信息。基于卷积神经网络的病虫害识别模型可以对常见的稻瘟病、小麦锈病、蚜虫等农作物病虫害进行精准识别，准确率可达90%以上。此外，人工智能还可以根据农作物的生长状况和环境参数，为农作物生长管理提供智能决策支持。例如，利用机器学习算法建立农作物生长模型，根据实时监测的土壤肥力、水分、光照等环境数据以及农作物的生长数据，预测农作物的生长趋势，优化施肥、灌溉、修剪等农事活动的时间和剂量，实现农作物的精准培育和高产高效。

在农业机器人领域，人工智能技术赋予了机器人自主感知、决策和作业的能力。农业机器人可以在农田中自主导航，执行播种、施肥、喷药、收割等农事作业任务。智能播种机器人可以根据预先设定的种植方案和农田地形数据，自主规划播种路径，精确控制播种深度、株距和行距，实现高效精准播种。智能喷药机器人可以利用传感器感知农作物的高度、病虫害情况以及周围环境信息，通过人工智能算法优化喷药路径和喷药量，避免农药浪费和环境污染。智能采摘机器人可以通过视觉识别技术准确识别果实的成熟度、位置和形状，利用机械臂精准采摘果实，提高采摘效率和果实品质。在果园中，智能采摘机器人可以在复杂的环境中快速识别成熟的水果，并轻柔地采摘下来，减少对果实和果树的损伤。

人工智能技术在农业气象预测和农业灾害预警方面也具有重要应用价值。利用人工智能算法对大量的气象数据、地理数据、农业生产数据等进行分析和建模，可以提高气象预测的准确性和时效性，提前预测暴雨、干旱、寒潮、台风等极端天气事件对农业生产的影响，并及时发布预警信息，为农业防灾减灾提供充足的时间准备。例如，基于深度学习的气象预测模型可以对未来一周的气温、降水、风速等气象要素进行精确预测，帮助农民提前采取灌溉、排水、防寒、防风等应对措施，减少气象灾害对农业生产造成的损失。

1.5.5 区块链技术

区块链技术是一种分布式账本技术，具有去中心化、不可篡改、可追溯等特点。它通过加密算法将数据存储在多个副本中，确保数据的安全性和不可篡改性。区块链技术在农产品溯源中的应用，可以有效解决传统农产品流通中存在的透明度低、信息不对称、伪造和篡改等问题，提高农产品的质量和安全性。

在农产品溯源系统中，区块链技术可以帮助追踪农产品从田间到餐桌的全过程信息，包括种植、加工、运输、销售等环节。通过物联网设备、传感器、射频识别（RFID）标签等技术，实时采集农产品的生产、加工、运输等环节的数据，并将这些数据通过加密算法上链存储。相关方可以通过扫描产品包装上的二维码或输入产品编号等方式，查询农产品的完整信息，从而验证产品的来源和流通过程。区块链技术在农产品溯源中的应用，不仅提高了农产品的透明度和可追溯性，还增强了消费者对农产品的信任感。同时，区块链技术还可以与智能合约等技术结合，实现农产品的自动化交易和结算，降低交易成本和提高交易效率。未来，随着区块链技术的不断发展和应用场景的拓展，农产品溯源系统将更加完善和智能化。例如，跨链技术可以实现不同区块链系统之间的信息共享等。这些技术的应用将进一步提高农产品溯源系统的智能化程度和可靠性，为农产品的质量和安全提供更加有力的保障。

1.5.6 5G技术

5G技术作为新一代移动通信技术，具有高速率、大容量、低时延等特点，为智慧农业的发展提供了强大的技术支持。5G技术的应用可以显著提高智慧农业的数据传输速度和数据处理能力，推动智慧农业向更高水平发展。5G技术可以支持更多的物联网设备接入网络，实现农业生产过程的全面感知和实时监控。5G技术还可以支持智慧农业的远程操控和自动化作业，支持高清视频传输和远程操控等功能，使得农民可以远程监控和管理农业生产过程。通过5G网络，农民可以远程操控智能农机装备进行农业生产作业；同时，智能农机装备也可以通过5G网络实现自动驾驶和自主作业等功能，提高农业生产的效率和精度。

随着5G技术的不断发展和应用场景的拓展，智慧农业将实现更加智能化、自动化和高效化的发展。例如，通过5G网络和AI技术的结合，可以实现农作物的精准种植和智能管理；通过5G网络和区块链技术的结合，可以实现农产品的全程可追溯和智能化交易等。这些技术的应用将进一步推动智慧农业向更高水平发展，为农业生产带来更加显著的效益和变革。

2 智慧农业运营管理基础理论

2.1 运营管理的职能与特征

2.1.1 运营管理的职能

运营管理在企业或组织的运行过程中承担着多方面的关键职能。

计划职能要求运营管理者依据组织的战略目标和市场需求，制订详细的运营计划。例如，在农业生产中，需要规划种植的作物种类、面积，养殖的牲畜数量、品种，以及相应的生产周期安排等。计划职能涉及对资源的预估，包括土地、劳动力、资金、设备等，以确保生产活动能够有条不紊地开展。

组织职能侧重于构建合理的运营架构和流程。它确定了各个部门、岗位在运营过程中的职责与协作关系。在智慧农业中，可能涉及农业技术研发部门、生产部门、市场营销部门等之间的协同工作。组织职能还包括对人员的配置与培训，使员工具备相应的技能和知识，以适应运营管理的要求。例如，为了操作先进的农业智能设备，需要对农民进行专业的技术培训。

控制职能是运营管理的重要保障。它通过设定一系列的绩效指标和标准，对运营过程进行监控和评估。在农业生产中，控制职能体现为对农产品质量的把控、对生产成本的控制、对生产进度的跟踪等。例如，对农产品的加工、包装、运输等环节进行成本核算和质量检验，确保整个运营过程符合预定的标准和要求。

领导职能在运营管理中起着引领和激励的作用。优秀的运营管理者能够为团队设定明确的目标和愿景，激发员工的工作积极性和创造力。在智慧农业领域，领导职能既体现在鼓励农业科研人员进行创新，开发新的农业技术和品种，也体现在引导农民积极采用智慧农业的生产方式，提高生产效率和效益。运营管理者还需要具备良好的沟通和协调能力，处理好内部员工之间以及组织与外部利益相关者之间的关系。

2.1.2 运营管理的特征

运营管理具有系统性。它涵盖了从原材料采购、生产加工、产品销售到售后服务的全过程，各个环节相互关联、相互影响。在智慧农业中，从种子、化肥等农资的采购，到农作物的种植、收获，再到农产品的加工、销售以及品牌建设等，形成了一个完整的系统。任何一个环节的变动都可能会导致整个运营系统产生连锁反应。例如，农产品市场需求的变化可能导致种植计划的调整，进而影响农资的采购量和生产设备的使用安排。

运营管理具有动态性。市场环境、技术水平、政策法规等因素都在不断变化，运营管理必须及时适应这些变化。在智慧农业领域，随着物联网、大数据、人工智能等新技术的不断涌现，运营管理的方式也需要不断更新。例如，新的农业传感器技术可能使农业生产的监测更加精准，运营管理者就需要及时调整监测指标和决策依据，以充分利用新技术带来的优势。同时，消费者对农产品品质、安全、环保等方面的要求日益提高，也促使智慧农业运营管理在生产标准、质量控制等方面作出相应的改变。

运营管理还具有科学性与艺术性相结合的特点。一方面，它依靠大量的科学方法和工具，如数学模型、统计分析、信息技术等，来进行生产计划、库存管理、质量控制等决策。例如，利用线性规划模型来优化农业资源的配置，以实现成本最小化或利润最大化。另一方面，运营管理也需要管理者具备一定的艺术和经验，在处理人际关系、应对突发情况、把握市场机会等方面做出恰当的决策。例如，在农产品销售过程中，如何根据市场趋势和消费者心理制定营销策略，就需要管理者具备敏锐的市场洞察力和巧妙的营销技巧。

此外，运营管理注重效率与效益的平衡。在智慧农业中，提高生产效率可以通过采用先进的农业机械、自动化设备、智能化管理系统等方式实现，如无人机植保、智能灌溉系统等，能够减少人力投入、提高作业精度和速度。然而，运营管理不能仅追求效率，还必须关注效益，包括经济效益、社会效益和生态效益。例如，在选择农业生产方式时，要考虑对土壤质量、水资源利用、生态环境的影响，同时要确保农产品能够满足市场需求，获得合理的经济回报。

2.2 运营管理的学术理论基础

2.2.1 古典管理理论

古典管理理论是运营管理的重要理论基石之一，主要包括科学管理理论、一般管理理论和行政组织理论。

科学管理理论由弗雷德里克·温斯洛·泰勒（Frederick Winslow Taylor）提出，其核心思想是通过科学的方法来提高生产效率。泰勒认为，通过对工作流程进行细致的分析和分解，确定最佳的工作方法和标准作业时间，然后选择合适的工人并对其进行培训，使其按照标准方法进行工作，可以大大提高劳动生产率。在农业运营管理中，科学管理理论可以应用于农业生产流程的优化。例如，对农作物种植、养殖过程中的各个环节进行标准化管理，确定最佳的播种时间、施肥量、灌溉频率等，提高农业生产的效率和质量。

法约尔（Fayol）的一般管理理论则强调了管理的普遍性和一般性职能。他提出管理包括计划、组织、指挥、协调和控制五个基本职能，并阐述了管理的十四条原则，如劳动分工、权力与责任、纪律、统一指挥等。这些原则对于农业运营管理具有重要的指导意义。例如，在农业企业或组织中，明确各部门和岗位的职责与权力，遵循统一指挥的原则，能够保证运营管理的有序进行。同时，通过合理的劳动分工，将农业生产、加工、销售等不同环节分配给不同的专业人员或部门，可以提高整个运营系统的效率。

马克斯·韦伯（Max Weber）的行政组织理论关注理想的行政组织体系的构建。他认为，一个理想的行政组织应该具有明确的层级结构、专业化的分工、严格的规章制度和非人格化的管理。在农业运营管理中，行政组织理论可以帮助建立规范的农业管理机构和组织架构。例如，在农业合作社、农业企业等组织中，按照行政组织理论的要求进行管理层级设置、部门划分和岗位配置，能够提高组织的运行效率和管理的规范性。

2.2.2 行为科学理论

行为科学理论侧重于研究人的行为和心理对管理的影响。其中，人际关系理论是行为科学理论的重要组成部分。

梅奥（Mayo）通过霍桑实验发现，员工的工作积极性和生产效率不仅取决于物质条件，还受到社会心理因素的影响，如员工之间的人际关系、归属感、认同感等。在农业运营管理中，这一理论启示管理者要关注农民或农业工人的心理需求和社会关系。例如，在农业生产团队中，营造良好的团队氛围，加强员工之间的沟通与协作，能够提高员工的工作满意度和生产效率。管理者可以通过组织团队活动、提供培训和发展机会等方式，增强员工的归属感和忠诚度。

马斯洛（Maslow）的需求层次理论将人的需求分为生理需求、安全需求、社交需求、尊重需求和自我实现需求五个层次。这一理论对于农业运营管理中的人力资源管理具有重要的指导意义。例如，在农业企业中，首先要满足员工的基本生理需求，如提供合理的薪酬和福利待遇；其次要保障员工的工作安全，如提供安全的生产环境和劳动保护设备；然后要关注员工的社交需求，促进员工之间的交流与合作；还要尊重员工的人格和劳动成果，给予员工相应的荣誉和奖励；最后要为员工提供自我实现的机会，如鼓励员工参与农业技术创新和管理决策等。

赫茨伯格（Herzberg）的双因素理论将影响员工工作积极性的因素分为保健因素和激励因素。保健因素如工资、工作环境、公司政策等，这些因素的改善只能消除员工的不满，但不能真正激励员工；激励因素如工作成就感、认可、晋升机会等，这些因素能够激发员工的工作积极性和创造力。在农业运营管理中，管理者要正确区分保健因素和激励因素，在保障保健因素的基础上，注重激励因素的运用。例如，为农业科研人员提供更多的科研项目和晋升机会，为农民提供参与农业合作社管理的机会等，从而有效激励员工为农业运营管理的目标努力奋斗。

2.2.3　现代管理理论

现代管理理论呈现出多元化的发展趋势，包括系统管理理论、权变管理理论、质量管理理论等。

系统管理理论将组织视为一个开放的系统，由输入、转换过程、输出和反馈等环节组成。在农业运营管理中，系统管理理论可以帮助管理者全面地认识农业生产经营系统。例如，农业生产的输入包括土地、劳动力、种子、化肥等资源，通过农业生产过程的转换，输出农产品、生态服务等。管理者要关注系统内各要素之间的相互关系以及系统与外部环境的互动，通过合理的资源配置和流程优化，提高系统的整体绩效。同时，要根据系统的反馈信息，及时调整运营管理策略，适应环境的变化。

权变管理理论认为，管理没有一成不变的模式，要根据组织所处的环境和内部条件的变化而灵活应变。在农业运营管理中，权变管理理论体现得尤为明显。由于农业生产受到自然环境、市场环境、政策法规等多种因素的影响，管理者必须根据不同的情况选择合适的管理方法和技术。例如，在不同的气候条件下，采用不同的农业生产技术和防灾减灾措施；在不同的市场需求情况下，调整农产品的种植品种和销售策略。

质量管理理论强调以质量为中心的管理理念。在农业运营管理中，质量管理涉及农产品质量的全过程控制。从农业生产的源头开始，如种子、化肥、农药的选择和使用，到种植、养殖过程中的质量监控，再到农产品的收获、加工、包装、运输等环节的质量保障，都要严格按照质量标准进行管理。例如，采用良好农业规范（GAP）、危害分析与关键控制点（HACCP）等质量管理体系，确保农产品的质量安全，提高农产品的市场竞争力。

此外，现代管理理论还包括战略管理理论、供应链管理理论等。战略管理理论帮助农业企业或组织制定长远的发展战略，明确发展方向和目标；供应链管理理论则关注农业产业链的整合与优化，提高农业供应链的效率和效益。这些理论共同为农业运营管理提供了丰富的理论支持和方法指导。

2.3 农业运营管理的特点与挑战

2.3.1 农业运营管理的特点

农业运营管理与其他行业相比，具有显著的季节性特点。农作物的生长和收获通常受到季节的严格限制，不同季节适合种植不同的作物，并且生长周期也有差异。例如，在温带地区，春季适合播种小麦、玉米等粮食作物，秋季则是收获的季节。这种季节性特点决定了农业生产计划、劳动力安排、设备使用等运营管理活动必须与之相适应。在生产旺季，可能需要大量的劳动力进行播种、收割等工作，在淡季则可以进行设备维护、农田整理等活动。同时，农产品的储存和加工也需要考虑季节性因素，以保证农产品的质量和供应的稳定性。

农业运营管理的地域性很强。不同地区的土壤类型、气候条件、水资源状况等自然因素差异很大，这导致农业生产的布局和品种选择具有明显的地域性。例如，在南方的水热条件较好的地区，适合种植水稻、甘蔗等作物；在北方干旱半干旱地区，则以小麦、棉花等作物为主。此外，不同地区的农业文化、种植习惯和市场需求也有所不同，这进一步影响了农业运营管理的方式。例如，一些地区有特色农产品种植的传统，这些特色农产品往往在当地市场有较高的知名度和需求，农业运营管理就需要注重保护和发展这些特色产业，挖掘其市场潜力。

农业运营管理必须考虑农业生产过程具有的生物性和复杂性。农作物和牲畜是有生命的有机体，它们的生长发育受到多种生物因素和环境因素的综合影响。在农业运营管理中，需要掌握农业生物学知识，了解作物的生长规律、病虫害防治方法、动物的饲养管理技术等。例如，在蔬菜种植中，要根据不同蔬菜的生长习性进行施肥、浇水、整枝等管理操作，同时要预防和控制病虫害的发生。

农业运营管理还与自然环境密切相关。农业生产既依赖于自然资源，如土地、水、阳光、空气等，也受到自然灾害的威胁。干旱、洪涝、台风等自然灾害可能导致农作物减产甚至绝收，造成牲畜死亡等损失。因此，农业运营管理需要考虑如何合理利用自然资源，提高资源利用效率，同时要建立健全自然灾害预警和应对机制。例如，通过兴修水利设施来保障农田灌溉用水，采用生态农业技术来改善土壤质量和生态环境，提高农业的抗灾能力。

2.3.2 农业运营管理的挑战

农业运营管理面临着自然风险的挑战。如前所述，自然灾害对农业生产的影响巨大。尽管现代科技可以在一定程度上预测和防范自然灾害，但仍然难以完全避免自然灾害造成的损失。例如，极端天气事件发生的频率和强度不断增加，给农业生产带来了更大的不确定性。农业运营管理者需要采取多种措施来应对自然风险，如购买农业保险、采用防灾减灾技术、建立农产品储备机制等，但这些措施往往成本较高，且效果有限。

市场风险也是农业运营管理面临的重要挑战。农产品市场价格波动较大，受到供求关系、国际市场变化、政策调控等多种因素的影响。例如，当某种农产品产量大幅增加时，可能导致市场供过于求，价格下跌，农民收入减少。此外，农产品的市场需求也在不断变化，消费者对农产品的品质、安全、营养、品牌等方面的要求越来越高。农业运营管理者需要加强市场调研和分析，及时了解市场动态，调整生产和销售策略，以适应市场变化。同时，还需要加强农产品品牌建设和市场营销，提高农产品的附加值和市场竞争力。

农业技术创新与应用是农业运营管理面临的又一挑战。虽然智慧农业技术不断发展，但在实际应用过程中还存在许多问题。一方面，农业技术研发成本较高，一些先进的农业技术和设备价格昂贵，农民或农业企业难以承受。例如，高精度的农业传感器、智能农业机器人等设备的价格可能超出了普通农户的购买能力。另一方面，农民的文化素质和技术水平相对较低，对新技术的接受和应用能力有限。农业运营管理者需要加大对农业技术研发的投入，降低技术成本，同时加强对农民的技术培训和推广服务，提高农业技术的普及率和应用效果。

农业运营管理还面临着人力资源管理的挑战。农业生产的季节性和地域性特点导致农业劳动力需求不稳定，在农忙季节可能出现劳动力短缺的现象，在农闲季节则可能存在劳动力闲置的问题。另外，随着农村劳动力向城市转移，农业劳动力老龄化等问题日益突出。农业运营管理者需要建立合理的劳动力管理机制，如采用灵活的用工方式、吸引和留住农业人才、加强农村劳动力培训等，以满足农业生产对劳动力的需求。

此外，农业运营管理还受到政策法规的影响。农业是国家的基础产业，政府出台了一系列的政策法规来支持和规范农业发展，如农业补贴政策、土地政策、农产品质量安全法规等。农业运营管理者需要及时了解和掌握相关政策法规，充分利用政策机遇，同时确保农业生产经营活动符合法律法规的要求。但政策法规的调整和变化也可能给农业运营管理带来一定的不确定性，需要管理者具备较强的政策解读和应变能力。

2.4 智慧农业运营管理的目标体系

智慧农业运营管理的首要目标是实现农业生产的高效化。通过运用物联网、大数据、人工智能等智慧农业技术，对农业生产过程进行精准监测和控制，提高农业资源的利用效率，减少资源浪费。例如，利用智能灌溉系统，根据土壤湿度和作物需水情况自动调节灌溉水量，实现水资源的精准利用；采用精准施肥技术，根据土壤肥力和作物营养需求，精确控制施肥量和施肥时间，提高肥料利用率。高效化的生产目标有助于降低农业生产成本，提高农业生产效益。

可持续发展是智慧农业运营管理的重要目标之一。在追求经济效益的同时，要注重生态环境保护和资源的可持续利用。智慧农业技术可以帮助实现农业的绿色生产，如采用生态农业模式，利用生物防治技术替代化学农药来防治病虫害，减少农业面源污染；通过农业废弃物的资源化利用，如将农作物秸秆转化为饲料、肥料或能源，实现资源的循环利用。此外，智慧农业还可以促进农村经济的可持续发展，通过发展特色农业、休闲农业等新业态，增加农民收入，推动农村产业振兴。

农产品质量安全与可追溯性也是智慧农业运营管理的关键目标。借助智慧农业技术，可以对农产品的生产过程进行全程监控和记录，从种子的使用到农作物的生长环境、收获时间再到农产品的加工、包装、运输等环节，都可以实现信息的实时采集和存储。一旦出现农产品质量问题，可以通过追溯系统快速查找问题根源，采取相应的措施。这不仅能够保障消费者的健康权益，还能够提高农产品的品牌信誉度和市场竞争力。

智慧农业运营管理还致力于提升农业产业的竞争力。通过整合农业产业链资源，优化产业布局，加强农业科技创新和品牌建设，提高农业产业的整体素质和效益。例如，利用大数据分析市场需求，调整农产品种植结构和品种布局，提高农产品的市场适应性；通过农业电商平台拓展农产品销售渠道，扩大农产品的市场份额；加强农业品牌培育，打造具有地域特色和市场影响力的农产品品牌，提升农产品的附加值。

3 智慧农业信息化平台建设

3.1 智慧农业信息化平台的需求分析

3.1.1 数据采集与监测需求

在智慧农业中，精准的数据采集是实现科学决策和高效生产的基础。智慧农业信息化平台需要能够广泛收集各类农业相关数据，包括气象数据（如温度、湿度、光照强度、降雨量、风速等）、土壤数据（如土壤质地、肥力、酸碱度、含水量、养分含量等）、作物生长数据（如株高、叶面积、病虫害情况、生长阶段等）以及农业生产设备运行数据（如灌溉设备流量、施肥设备剂量、农机具作业状态等）。这些数据的实时采集和持续监测，能够为农业生产者提供全面了解农田和作物状况的信息窗口，以便及时发现潜在问题并采取相应措施。

3.1.2 农业生产管理需求

农业生产过程涉及众多复杂的环节和操作，智慧农业信息化平台需要满足对这些生产活动有效管理的需求。这包括制订详细的种植计划和养殖计划，如确定作物品种、种植面积、播种时间、养殖规模、养殖周期等，并能根据实际情况进行灵活调整。在生产过程中，智慧农业信息化平台需要能够对农事操作进行精准安排和记录，如灌溉、施肥、除草、病虫害防治、收割等作业的时间、方法、用量等信息，以便追溯和优化生产流程。同时，对于农业生产资源的管理也是关键，包括：对农资（种子、化肥、农药、饲料等）的库存管理，实时掌握库存数量、进货时间、保质期等，确保生产物资的充足供应且不造成积压浪费；对农业劳动力的调配和管理，根据生产任务合理安排劳动力，提高劳动效率；对农业机械设备的管理，记录设备的使用状况、维护保养时间、维修记录等，保障设备的正常运行，延长设备使用寿命。

3.1.3 农产品质量追溯需求

随着消费者对农产品质量安全关注度的不断提高，建立完善的农产品质量追溯体系成为智慧农业信息化平台的重要需求。智慧农业信息化平台需要能够对农产品从生产源头到销售终端的全过程信息进行记录和管理。在生产环节，追溯信息涵盖种子、化肥、农药等农资的来源和使用情况，以及作物生长过程中的环境数据和农事操作记录；在加工环节，记录加工工艺、加工时间、加工地点、添加剂使用等信息；在仓储环节，记录仓储条件、存储时间等信息；在运输环节，记录运输工具、运输路线、运输时间、温湿度控制等信息；在销售环节，记录销售渠道、销售时间、销售地点等信息。通过这些详细的追溯信息，可以保证在出现农产品质量问题的情况下，迅速定位问题根源，采取召回、整改等措施，保障消费者权益，同时有助于提升农产品品牌形象和市场竞争力。

3.1.4 市场信息与销售管理需求

智慧农业信息化平台应具备强大的市场信息收集和分析功能，以帮助农业生产者及时了解农产品市场动态。这包括收集国内外农产品市场价格波动情况、供求关系变化、市场趋势预测等信息，为生产者制定合理的生产计划和销售策略提供依据。在销售管理方面，智慧农业信息化平台需要支持农产品的线上销售渠道拓展，如建立农产品电商平台，实现农产品的展示、下单、支付、配送等一站式服务。同时，能够对客户信息进行管理，包括客户订单记录、客户偏好分析、客户反馈收集等，以便开展精准营销和客户关系维护。此外，还应能够与农产品批发市场、超市、餐饮企业等销售终端进行信息对接，实现农产品的高效流通和销售。

3.1.5 农业知识与技术服务需求

为了提升农业生产者的专业素质和生产技能，智慧农业信息化平台需要提供丰富的农业知识和技术服务资源。具体包括：提供农业种植养殖技术教程，如新品种培育技术、高效栽培技术、生态养殖技术等；提供病虫害防治知识和方法，如常见病虫害的识别特征、防治措施、生物防治和化学防治的合理运用等信息；提供农业机械操作与维护知识，帮助农民正确使用和保养农业机械设备；提供农业政策法规解读，使生产者及时了解国家和地方的农业补贴政策、土地政策、环保政策等，确保生产经营活动符合政策要求。此外，还可以通过在线专家咨询、农业技术论坛等功能，为农业生产者提供与同行、专家交流互动的平台，及时解决生产过程中遇到的疑难问题。

3.2 智慧农业信息化平台的关键技术支撑

物联网技术在智慧农业信息化平台建设中起着关键的数据采集和设备控制作用。通过在农业生产现场部署大量的传感器节点，如温度传感器、湿度传感器、光照传感器、土壤传感器等，可以实现对农业环境和作物生长状况的实时感知和数据采集。这些传感器将采集到的数据通过无线通信技术传输到数据处理中心或云平台。同时，物联网技术能够实现对农业生产设备的远程控制和自动化操作。此外，物联网技术还可以对农业生产过程中的农机具进行监测和管理，如实时掌握农机具的位置、运行状态、作业进度等信息，便于合理调度和维护。

大数据技术是处理和分析海量农业数据的核心技术。农业生产过程中产生的大量数据，如气象数据、土壤数据、作物生长数据、市场数据等，具有数据量大、数据类型多样、数据产生速度快等特点。大数据技术能够对这些数据进行存储、管理和分析，通过数据挖掘算法和机器学习模型，挖掘这些数据背后的价值。此外，大数据技术可以用于农业资源管理和优化，如通过对农业用水、用电、用地等数据的分析，实现资源的高效配置和可持续利用。

云计算技术为智慧农业信息化平台提供了强大的计算能力和存储资源。由于农业数据量庞大且计算复杂，本地计算机往往难以满足数据处理和分析的需求。云计算平台能够将数据存储在云端服务器上，并提供弹性计算资源，根据实际需求动态分配计算能力。智慧农业信息化平台借助云计算技术，可以实现数据的集中存储和管理，方便数据的共享和交换。例如，不同地区的农业生产数据可以上传到云端，供农业科研机构、政府部门和农业企业进行分析研究。同时，云计算平台提供的软件即服务（SaaS）、平台即服务（PaaS）、基础设施即服务（IaaS）等模式，降低了智慧农业信息化平台的建设和运营成本。农业生产者无需自行搭建复杂的计算机硬件和软件系统，只需通过互联网接入云计算平台，即可使用各种农业应用服务，如农业生产管理系统、农产品质量追溯系统、农业电商平台等。

人工智能技术在智慧农业信息化平台中有广泛的应用前景。在作物生长监测方面，利用计算机视觉技术和深度学习算法，可以对作物的图像进行分析，识别作物的生长状态、病虫害情况、营养状况等。例如，通过分析作物叶片的颜色、形状、纹理等特征，判断作物是否缺乏养分或受到病虫害侵袭；利用无人机航拍技术获取农田的高清图像，结合人工智能图像分析技术，实现对大面积农田作物生长情况的快速监测和评估。在农业生产决策方面，人工智能技术可以根据大量的历史数据和实时数据，构建智能决策模型。例如，通过机器学习算法建立农产品产量预测模型，根据气象数据、土壤数据、农事操作数据等因素预测农产品的产量；利用智能推荐系统为农业生产者推荐合适的种植品种、农业技术和农资产品。此外，人工智能技术可以应用于农业机器人的研发和应用，如智能采摘机器人、智能除草机器人等，提高农业生产的自动化和智能化水平。

地理信息系统（GIS）技术在智慧农业信息化平台中主要用于农业资源管理和农业规划。通过将地理空间数据（如土地利用类型、地形地貌、水系分布等）与农业生产数据相结合，可以实现对农业资源的可视化管理和分析。例如，利用 GIS 技术绘制农田土壤肥力分布图、灌溉水源分布图、农作物种植分布图等，直观地展示农业资源的分布状况，便于农业生产者合理规划农田布局和农业生产活动。在农业规划方面，GIS 技术可以根据不同地区的自然条件、农业资源禀赋和市场需求，辅助制定区域农业发展规划。例如，确定适宜种植的作物品种和养殖的动物种类，规划农业产业园区的建设位置和规模，优化农业生产基地与加工企业、销售市场之间的物流配送路线等，提高农业生产的整体效益和可持续发展能力。

3.3 平台架构设计与功能实现

3.3.1 平台架构设计

智慧农业信息化平台通常采用分层架构设计，主要包括感知层、传输层、数据层、服务层和应用层。

感知层是平台与农业生产现场进行交互的最底层，主要由各种传感器、智能设备和数据采集终端组成。这些设备负责采集农业环境数据、作物生长数据、农业生产设备运行数据等，并将数据传输到传输层。例如，在农田中部署的土壤传感器、气象传感器、摄像头等设备，以及养殖场中的温湿度传感器、气体传感器、动物健康监测设备等。

传输层主要负责将感知层采集到的数据传输到数据层，同时实现应用层与感知层之间的指令传输。常用的传输技术包括有线网络（如以太网）和无线网络（如 Wi－Fi、蓝牙、ZigBee、LoRaWAN、4G、5G等）。根据农业生产现场的不同需求和环境条件，选择合适的传输技术，确保数据传输的稳定、高效和安全。例如，在大面积农田中，采用LoRaWAN 或 4G、5G 技术实现远距离数据传输；在温室大棚等局部区域，可使用 Wi－Fi 或 ZigBee 技术进行数据传输。

数据层是平台的数据存储和管理中心，主要包括数据库管理系统和数据仓库。数据库管理系统用于存储结构化数据，如农业生产基本信息、农资库存信息、农产品销售信息等；数据仓库则用于存储海量的非结构化和半结构化数据，如气象数据、土壤数据、作物图像数据等，并对这些数据进行整合、清洗、转换和存储，为数据分析和应用提供数据支持。数据层还包括数据安全管理模块，负责保障数据的完整性、保密性和可用性，防止数据泄露和篡改。

服务层是平台的核心业务逻辑处理层，提供一系列的服务接口和应用程序编程接口（API），供应用层调用。服务层包括数据处理服务、数据分析服务、智能决策服务、设备管理服务、用户管理服务等。数据处理服务负责对数据层中的数据进行预处理，如数据清洗、数据格式转换等；数据分析服务利用大数据分析技术和人工智能算法对数据进行深入分析，提取有价值的信息；智能决策服务根据数据分析结果和预设的决策模型，为农业生产提供决策建议，如灌溉决策、施肥决策、病虫害防治决策等；设备管理服务实现对农业生产设备的远程监控、控制和维护管理；用户管理服务负责对平台用户的注册、登录、权限管理等操作。

应用层是平台与用户直接交互的界面，根据不同用户的需求和角色，提供多样化的应用功能。应用层主要包括农业生产管理应用、农产品质量追溯应用、农业市场信息应用、农业知识服务应用、农业电商应用等。农业生产管理应用为农业生产者提供种植计划制订、农事操作安排、生产资源管理等功能，农产品质量追溯应用实现农产品从生产到销售全过程的信息追溯和查询，农业市场信息应用提供农产品市场价格、供求关系、趋势分析等信息，农业知识服务应用提供农业技术教程、病虫害防治知识、政策法规解读等内容，农业电商应用支持农产品的线上销售和交易。

3.3.2 功能实现

（1）数据采集与监测功能实现

在感知层部署各类传感器和数据采集终端，通过传感器接口电路将采集到的模拟信号或数字信号传输到微处理器进行初步处理，然后利用传输层的通信技术将数据发送到数据层。在数据层，数据处理服务对接收的数据进行清洗、校验和存储。应用层的农业生产管理应用和监测界面可以实时展示数据，并设置阈值报警功能，当数据超出正常范围时，自动向用户发送报警信息。

（2）农业生产管理功能实现

应用层的农业生产管理应用提供图形化的操作界面，农业生产者可以在界面上制订种植计划和养殖计划，输入作物品种、面积、时间等信息，并可根据实际情况进行修改和调整。农事操作记录功能允许用户记录灌溉、施肥、病虫害防治等农事操作的详细信息，这些信息存储在数据层，并可供后续查询和分析。生产资源管理功能实现：对农资库存的实时监控，当库存低于设定阈值时自动提醒补货；对农业劳动力的调配管理，根据生产任务安排劳动力，并记录劳动力工时和工作效率；对农业机械设备的管理，通过设备管理服务实现对设备的远程监控和维护提醒。

（3）农产品质量追溯功能实现

在农产品生产过程中，各环节的信息通过数据采集终端或人工录入的方式存储到数据层。应用层的农产品质量追溯应用为每一批农产品生成唯一的追溯码，消费者或监管部门可以通过扫描追溯码或在平台上输入追溯码查询农产品的详细生产信息，包括生产源头、加工过程、仓储运输、销售终端等环节的信息。数据层的数据安全管理模块确保追溯信息的真实性和完整性，防止信息被篡改。

（4）市场信息与销售管理功能实现

服务层的数据采集服务定期从互联网、农产品批发市场、电商平台等渠道收集农产品市场价格、供求关系、市场趋势等信息，并存储到数据层。应用层的农业市场信息应用对这些数据进行整理和分析，以图表、报表等形式展示给用户，帮助用户制定生产计划和销售策略。农业电商应用实现农产品的线上展示、下单、支付、配送等功能，与物流配送系统对接，确保农产品能够及时、准确地送达客户手中。同时，用户管理服务对电商平台的客户信息进行管理，分析客户偏好和购买行为，开展精准营销活动。

（5）农业知识与技术服务功能实现

数据层存储大量的农业知识文档、技术视频、专家经验等资源。应用层的农业知识服务应用提供分类检索功能，用户可以根据关键词、类别等查找所需的农业知识和技术资料。在线专家咨询功能通过与农业专家的远程视频通话或文字交流，实现用户与专家的实时互动，解决用户在生产过程中遇到的疑难问题。农业技术论坛功能允许用户发布问题、分享经验、交流心得，促进农业生产者之间的知识共享和技术交流。

3.4 信息化平台在智慧农业中的应用案例

3.4.1 案例一：某大型智慧农场信息化平台应用

某大型智慧农场占地面积数百公顷，主要种植蔬菜、水果和粮食作物。该农场搭建了一套完善的智慧农业信息化平台，实现了从种植计划到农产品销售的全流程信息化管理。在数据采集与监测方面，在田间地头部署了大量的传感器，包括土壤湿度传感器、温度传感器、光照传感器、空气质量传感器以及作物生长监测摄像头等。这些传感器实时采集数据，并通过4G网络传输到农场的数据中心。通过平台的监测界面，农场管理人员可以随时查看各个地块的环境数据和作物生长状况，如发现某地块土壤湿度偏低，系统会自动发出灌溉预警，管理人员可根据实际情况远程启动灌溉设备进行精准灌溉。在农业生产管理上，平台根据农场的土地资源、市场需求和历史种植数据，制订年度种植计划。在种植过程中，详细记录农事操作信息，如施肥时间、施肥量、病虫害防治措施等。同时，对农资库存进行实时管理，根据生产进度自动计算农资需求量并提醒采购。通过对农机具安装GPS和传感器，实现对农机具的远程监控和调度，提高农机具的使用效率。在农产品质量追溯方面，从种子、化肥、农药的采购开始，平台就记录相关信息，在作物生长过程中记录环境数据和农事操作，在收获、加工、仓储、运输和销售环节也都详细记录相关信息。消费者可以通过扫描农产品包装上的追溯码，了解农产品的全程生产信息，这大大提高了消费者对农场农产品的信任度。在市场信息与销售管理方面，平台与各大农产品批发市场、超市和电商平台建立了数据对接，实时掌握市场价格和供求关系。农场根据市场信息调整种植结构和销售策略，同时利用自己的电商平台开展线上销售，拓展了销售渠道，提高了农产品的销售量和附加值。在农业知识与技术服务方面，平台整合了大量的蔬菜、水果和粮食作物种植技术资料，农场技术人员和工人可以随时在平台上学习和查询。平台还与农业科研院校合作，定期邀请专家进行线上线下培训和技术指导，解决生产过程中遇到的技术难题，不断提升农场的生产技术水平。

3.4.2 案例二：某特色农产品智慧养殖信息化平台应用

某地区以养殖特色家禽闻名，当地一家大型养殖企业建立了智慧养殖信息化平台，推动了养殖产业的升级。

（1）数据采集与监测：养殖环境与家禽健康的全方位感知

在数据采集与监测环节，养殖场内精心布局了温湿度传感器、氨气传感器、二氧化碳传感器、家禽健康监测设备等一系列先进的传感器设备，构建起一个精密的监测网络。温湿度传感器犹如敏锐的卫士，时刻感知着养殖场内每一个角落的温湿度变化，无论是白天炽热阳光下的温度波动，还是夜间湿度的悄然升降，都逃不过它的精准探测。氨气传感器和二氧化碳传感器则专注于空气质量的监测，在封闭的养殖空间里，它们严密监控着氨气和二氧化碳的浓度水平。过高的氨气浓度会刺激家禽的呼吸道黏膜，影响其生长发育和免疫力；二氧化碳浓度超标则可能导致家禽缺氧、精神萎靡。家禽健康监测设备更是养殖过程中的关键利器，它采用先进的生物传感技术，能够实时监测家禽的体重、体温、采食量等重要生理指标。每一只家禽的体重细微变化，哪怕是几克的增减，都能被精确记录；体温的微小波动，也能及时反馈家禽的身体状况；采食量的多寡更是反映出家禽食欲和健康状态的重要信号。

这些传感器采集到的数据通过稳定高效的 Wi－Fi 网络传输到养殖

场的数据中心，在那里，数据被进行集中存储和初步处理。一旦养殖环境出现异常情况，比如在炎炎夏日，当温度过高超过家禽适宜生长的阈值，或者氨气浓度因粪便清理不及时而超标时，平台会立即触发警报系统。警报声会在养殖场内响起，同时会以短信、推送消息等多种形式通知养殖人员，确保他们能够第一时间知晓并及时赶到现场。养殖人员根据平台提供的详细数据，能够迅速准确地判断问题所在，然后通过智能调控设备，如自动通风系统、降温设备、空气净化装置等，调整环境参数，使养殖场内的环境迅速恢复到适宜家禽生长的状态。对于家禽健康监测数据，专业的兽医团队可以随时登录平台查看，当发现某只家禽体重持续下降、体温异常升高或者采食量锐减等疾病迹象时，能够迅速采取隔离措施，将患病家禽转移到专门的隔离区域，防止疾病传播，并依据症状和监测数据制定精准的治疗方案，提高治疗效果，最大限度减少疾病对整个养殖群体的危害。

（2）农业生产管理：科学规划与精准执行的有机结合

农业生产管理是养殖企业运营的核心环节，该智慧养殖信息化平台在此发挥着无可替代的作用。

平台基于大数据分析和专业的养殖模型，根据家禽的生长周期特点以及市场需求的动态变化，制定出科学合理的养殖计划，包括雏禽引进数量、养殖密度、饲料配方、免疫程序等。①在雏禽引进环节，平台综合考虑种禽的品质、市场价格走势以及养殖场的养殖容量等多方面因素，精准确定雏禽引进数量。例如，通过对历年市场销售数据的分析，预测到未来几个月某种特色家禽的市场需求将大幅上升，且种禽供应充足、价格合理时，平台会建议适当增加雏禽引进数量，以满足市场需求并获取更大的经济效益。②养殖密度的确定更是一门精细的学问，平台根据不同品种、不同生长阶段家禽的体型大小、活动习性以及对空间的需求，计算出最佳的养殖密度。合理的养殖密度既能保证家禽有足够的活动空间，促进其生长发育，又能充分利用养殖场的空间资源，提高养殖效率。③在饲料配方环节，平台依据家禽在不同生长阶段对各种营养成分的需求变化，结合当地饲料原料的供应情况和成本因素制定饲料配方。例如，在雏禽阶段，饲料配方侧重于高蛋白、高能量的营养成分，以满足其快速生长的需求；在育肥阶段，则适当调整蛋白质和能量的比例，增加脂肪的含量，使家禽能够快速增重。④免疫程序的规划同样严谨，平台根据当地的疫病流行特点、家禽品种的易感性以及疫苗的免疫效果，制定详细的免疫时间表。

在养殖过程中，每一次饲料投喂量、饮水情况、免疫接种情况等信息都被严格记录在平台上。饲料投喂量的记录有助于分析家禽的生长速度与饲料消耗之间的关系，及时发现饲料浪费或投喂不足的情况；饮水情况的监测有助于确保家禽随时都能获得清洁充足的饮水，预防因饮水问题导致的疾病；免疫接种情况的详细记录则为后续的疫病防控和追溯提供了重要依据。

对于养殖设备，如通风设备、供暖设备、饮水设备等，平台实现了远程监控和维护管理，确保设备的正常运行。通过安装在设备上的传感器和智能控制器，养殖人员可以在办公室设备终端或手机端随时随地查看设备的运行状态，如通风设备的风速和风量、供暖设备的温度设置和实际运行温度、饮水设备的水位和水流速度等。当设备出现故障或运行异常时，平台会自动发出警报，提供故障诊断信息，帮助维修人员快速定位问题并进行修复，大大减少了设备停机时间，保障了养殖生产的顺利进行。

(3) 农产品质量追溯：从源头到餐桌的信息透明化

在农产品质量追溯方面，该智慧养殖信息化平台构建了一个完整的信息链条，实现了从家禽养殖源头到消费者餐桌的全程信息可追溯。从雏禽引进的那一刻起，平台就开始记录雏禽的来源信息，包括种禽场的名称、地址、联系方式以及雏禽的品种、批次等详细信息。在养殖过程中，如前所述，所有的饲料投喂信息，包括饲料的品牌、种类、配方、投喂时间和投喂量等都被详细记录；饮水来源和水质监测数据也被纳入追溯体系；免疫接种记录更是重中之重，记录了疫苗的名称、生产厂家、接种时间、接种剂量以及操作人员等信息。当家禽出栏后，在屠宰加工环节，平台记录屠宰时间、屠宰工艺、加工车间的卫生状况等信息；在仓储环节，记录仓储温度、湿度、存储时间等条件；在运输环节，记录运输车辆的信息、运输路线、运输过程中的温湿度控制情况等。这些信息通过二维码、条形码或电子标签等形式附着在每一批次的家禽产品上。消费者在购买这些特色家禽产品时，只需通过手机扫描产品包装上的追溯码，就能立即获取该产品的详细生产信息。例如，消费者可以了解到这只家禽是在哪个养殖场养殖的，养殖过程中吃的是什么饲料、是否进行了规范的免疫接种，在加工和运输过程中是否符合卫生和质量标准等。这种信息透明化的追溯体系，不仅让消费者吃得放心，还有助于企业在出现质量问题时降低损失，提高产品质量和生产管理水平。

（4）智慧养殖信息化平台的综合效益与未来展望

该智慧养殖信息化平台的应用为养殖企业带来了显著的综合效益。在生产效率方面，通过精准的环境控制和科学的养殖管理，家禽的生长速度明显加快，养殖周期缩短，单位时间内的出栏量大幅增加。例如，原本需要 80 天出栏的家禽品种，在智慧养殖模式下，可缩短至 70 天左右，大大提高了养殖场的产能。在产品质量方面，由于环境稳定、营养均衡、疫病防控精准，家禽的肉质更加鲜美、营养更加丰富，产品的合格率和优质品率显著提高，在市场上具有更强的竞争力。在成本控制方面，通过合理的饲料配方、精准的投喂和设备的智能调控，降低了饲料浪费、能源消耗和设备维修成本。据统计，饲料利用率可提高 10%以上，能源消耗降低15％左右，设备维修成本减少20％左右。同时，该平台的应用也提升了企业的管理水平和决策科学性。企业管理人员可以通过平台提供的丰富数据和分析报表，实时了解养殖场的运营状况，及时发现问题并做出科学决策。在市场拓展方面，信息透明化的质量追溯体系和高品质的产品帮助企业赢得了更多消费者的信任和青睐，产品不仅在本地市场畅销，还逐渐打开了外地乃至国际市场。

展望未来，随着人工智能、物联网、大数据等技术的不断发展，智慧养殖信息化平台将迎来更加广阔的发展前景。人工智能技术将进一步优化养殖决策模型，实现更加智能化的养殖管理；物联网技术将使传感器更加智能化、小型化、低功耗化，网络传输更加稳定高效，实现养殖场全方位、无死角的信息感知和设备互联；大数据技术将深度挖掘养殖数据背后的价值，为企业提供更加精准的市场预测、疫病预警和生产优化方案。同时，智慧养殖信息化平台还将与农业旅游、餐饮等产业深度融合，打造集养殖生产、观光体验、美食消费于一体的综合性农业产业模式，为地区农业经济的发展注入新的活力，也为人们提供更加丰富多样的农业服务和产品体验。

总的来说，这家大型养殖企业建立的智慧养殖信息化平台，是科技与农业深度融合的典范，它为特色家禽养殖产业的升级提供了强大的技术支撑，在提高生产效率、保障产品质量、降低成本、拓展市场等方面发挥了重要作用，也为整个智慧农业领域的发展提供了宝贵的经验和借鉴。

4 智慧农业生产管理

4.1 精准农业技术与应用

4.1.1 精准农业技术概述

精准农业，又称为精确农业或精细农作，是一种基于信息和知识管理的现代农业生产系统。它发源于美国，并在20世纪80年代末期逐渐发展起来。精准农业技术的出现，是为了适应信息化社会对农业发展提出的新要求。精准农业采用3S（GPS、GIS和RS）技术等高新技术与现代农业技术相结合，对农资、农作实施精确定时、定位、定量控制，旨在最大限度地提高农业生产力，是实现优质、高产、低耗和环保的可持续发展农业的有效途径。

精准农业通过3S技术和自动化技术的综合应用，按照田间每一块操作单元的具体条件，更好地利用耕地资源潜力，科学合理利用物资投入，以提高农作物产量和品质、降低生产成本、减少农业活动带来的污染和改善环境质量为目的。相对于传统农业，精准农业的最大特点是：以高新技术投入和科学管理换取对自然资源的最大节约和对农业产出的最大索取。这主要体现在农业生产手段的精新、农业资源投入的精省、农业生产过程运作和管理的精准、农用土壤的精培，以及农业产出的优质、高效、低耗。

精准农业由多个系统组成，包括：全球定位系统，用于信息获取和实施的准确定位；农田信息采集系统，用于收集农田的各类信息；农田遥感监测系统，利用遥感技术对农田进行实时监测；农田地理信息系统，它是构成农作物精准管理空间信息数据库的有力工具，是精准农业实施的重要手段，田间信息通过 GIS 系统予以表达和处理；智能化农机具系统，根据信息实现精准的农事操作；环境监测系统，用于监测农田的气象条件，为农民提供实时的环境信息；以及农业专家系统、网络化管理系统和培训系统等。其核心是建立一个完善的农田地理信息系统，可以说是信息技术与农业生产全面结合的一种新型农业。

精准农业并不过分强调高产，而主要强调效益。它将农业带入数字和信息时代，是 21 世纪农业的重要发展方向。精准农业的技术原理是：根据土壤肥力和作物生长状况的空间差异，调节对作物的投入，在对耕地和作物长势进行定量的实时诊断并充分了解大田生产力的空间变异的基础上，以平衡地力、提高产量为目标，实施定位、定量的精准田间管理，实现高效利用各类农业资源和改善环境这一可持续发展目标。

精准农业技术的应用，可以显著提高农业生产效率，降低生产成本，提高农产品的质量和产量。通过精准施肥和精准灌溉，可以避免化肥和水的浪费，减少对环境的污染。通过精准管理，可以优化作物的生长环境，提高作物的生长速度和品质。此外，精准农业技术还可以帮助农民更好地了解市场需求，合理规划生产规模和种植结构。

精准农业技术的发展，离不开信息技术的支持。随着物联网、云计算、人工智能等新兴技术的快速发展，精准农业技术也在不断创新和升级。物联网技术可以将农田中的各种设备连接起来，实现信息的实时传输和处理。云计算技术则可以提供强大的数据存储和处理能力，支持大规模的数据分析和挖掘。人工智能技术则可以通过学习和优化，实现对农田环境的智能监测和管理。

4.1.2 物联网在精准农业中的应用

物联网技术在精准农业中的应用，为农业生产带来了革命性的变革。物联网是指通过各种信息传感设备，如传感器、射频识别、全球定位系统等，将物理世界中的物体与互联网连接，实现信息的实时采集、传输和处理。

通过在农田中布置土壤湿度和温度传感器，实时监测土壤的水分含量和温度变化。同时，使用土壤养分传感器监测土壤中的氮、磷、钾等主要养分含量，根据养分数据精确施肥。

通过安装在田间的高分辨率摄像头和光学传感器，实时监测作物的健康状态，识别病虫害的早期症状。利用图像识别和机器学习技术，自动分析和诊断病害，及时采取防治措施。这不仅可以减少农药的使用量，降低生产成本，还可以提高作物的产量和质量。

利用无人机搭载光谱成像设备，定期巡检农田，监测作物的生长状况。通过分析植被指数（如NDVI），评估作物的生长速度和健康水平，为精准管理提供数据支持。这有助于农民及时发现作物生长中的问题，并采取相应的管理措施。

通过GPS和物联网技术，控制无人驾驶拖拉机在田间作业，实现自动播种、耕作、施肥和收割等农事操作。这不仅可以提高农业机械化程度，减少人力投入，还可以提高作业精度和效率。

利用环境传感器监测农田中的二氧化碳浓度、光照强度、温度、湿度等气象条件，调整温室大棚的通风和光照条件，优化作物的光合作用，提高作物的产量和质量。同时，通过分析历史数据和实时数据，预测未来的天气变化，提前采取应对措施，降低农业生产的风险。

物联网技术在精准农业中的应用，不仅提高了农业生产的效率和质量，还降低了生产成本和环境污染。通过实时监测和数据分析，农民可以更加精准地管理农田和作物，实现资源的最大化利用。随着物联网技术的不断进步和成本的降低，其在精准农业中的应用前景将更加广阔。

然而，物联网技术在精准农业中的应用也面临一些挑战。例如，农田分布广泛，远离城市的农田区域可能面临网络覆盖不足和信号不稳定的问题；物联网系统的集成和维护具有较高的复杂性，传感器和网络设备的成本仍然较高，限制了大规模推广。因此，需要进一步加强物联网技术的研究和开发，降低设备成本，提高系统稳定性和可靠性，推动物联网技术在精准农业中的广泛应用。

4.1.3 大数据支持下的精准决策

大数据技术在精准农业中的应用，为农民提供了更加精准和科学的决策支持。通过收集和分析土壤质量、气象条件、作物生长周期、市场需求等多维度数据，大数据技术可以帮助农民制定更加合理的生产计划和管理措施，降低生产成本和市场风险，提高农业生产的效率和质量。

大数据技术可以对土壤湿度、温度、养分含量等数据进行收集和分析，帮助农民了解土壤的质量和肥力状况。根据这些数据，农民可以制定精准的施肥计划和灌溉策略，避免化肥和水的浪费，提高土壤资源的利用效率。同时，通过分析土壤数据的变化趋势，农民还可以及时发现土壤质量下降的问题，并采取相应的改良措施。

大数据技术可以对历史气象数据和实时气象数据进行挖掘和分析，建立气象预测模型，识别农业生产中的潜在风险因素。这些模型可以预测未来的天气变化，包括温度、湿度、降水量等关键气象指标。农民可以根据这些预测结果，提前制定应对措施，如调整灌溉计划、加强病虫害防治等，降低天气变化对农业生产的影响，减少农业生产的风险损失。

大数据技术可以对作物的生长周期进行监测和分析，包括播种、发芽、生长、开花、结果等各个阶段。通过分析作物的生长速度和健康状况，农民可以制定更加合理的田间管理措施。同时，大数据技术还可以帮助农民预测作物的产量和质量，为农产品的销售和市场策略制定提供依据。

大数据技术可以对农产品的市场需求进行分析和预测。通过分析历史销售数据、消费者偏好和市场趋势等信息，农民可以了解市场的需求和变化，制定合理的生产计划和销售策略。这有助于避免因盲目生产导致的供大于求或供不应求的情况，提高农产品的市场竞争力和附加值。

然而，大数据技术在精准农业中的应用也面临一些挑战。例如，数据的收集和处理需要先进的设备和算法支持，对农民的技术水平要求较高；数据的隐私和安全也是一个重要问题，需要建立健全的数据安全管理机制来保障农民的利益。

4.2 智能化生产作业系统

4.2.1 智能化农机装备研发

智能化农机装备研发是智慧农业生产管理的核心组成部分，它通过集成先进的传感器技术、物联网技术、人工智能技术和大数据分析技术，实现了农业生产过程的自动化、智能化和精准化。这一领域的研发不仅提高了农业生产的效率和精度，降低了人力成本，还促进了农业资源的合理利用和环境保护。未来，随着技术的不断进步和成本的降低，智能农机装备将在农业生产中得到更广泛的应用，推动精准农业向更高水平发展。

智能化农机装备的研发涵盖了多个方面，包括无人驾驶拖拉机、智能播种机、智能收割机、植保无人机等。无人驾驶拖拉机通过集成高精度导航系统和自动驾驶算法，能够根据预设的路径和作业需求进行自主行驶和作业，减少了人力驾驶的误差和疲劳，提高了作业精度和效率。智能播种机则通过集成的传感器和控制系统，能够实时监测土壤湿度、温度、养分含量等参数，根据作物生长需求进行精准播种，提高了种子的发芽率和作物的产量。智能收割机通过集成图像识别技术和机器学习算法，能够自动识别作物的成熟度，并根据作物的生长情况调整收割速度和力度，避免了过度收割和浪费。同时，智能收割机还能够实时收集作物的产量和质量数据，为后续的农业决策提供数据支持。植保无人机则通过集成高清摄像头和智能喷药系统，能够进行精准施药。

在智能化农机装备的研发过程中，技术创新和人才培养是关键。科研机构和企业需要加大研发投入，引进和培养具备跨学科知识的专业人才，推动智能化农机装备技术的不断突破和升级。同时，政府也需要出台相关政策，鼓励和支持智能化农机装备的研发和推广，为农业生产提供更多的技术支撑和保障。

智能化农机装备的研发推动了农业生产的智能化和精准化管理。通过集成传感器和控制系统，智能化农机装备能够实时监测作物的生长情况和环境参数，为农业生产提供及时、准确的数据支持。这不仅可以提高农业生产的决策效率和准确性，还能够实现农业生产的可视化和远程管理。例如，通过集成物联网技术和云计算技术，智能化农机装备可以将作业数据和环境参数实时传输到云端平台，实现远程监控和数据分析。农业生产者可以通过手机或电脑等终端设备随时随地查看农业生产情况，并根据数据进行决策和调整。

智能化农机装备的研发促进了农业资源的合理利用和环境保护，能够实现农业废弃物的资源化利用，提高农业资源的循环利用率。例如，通过集成生物质能转化技术，智能化农机装备可以将农业废弃物转化为生物质燃料，为农业生产提供可再生能源。

4.2.2 自动化灌溉与施肥系统

自动化灌溉与施肥系统是智慧农业生产管理的另一重要组成部分，它通过集成传感器技术、物联网技术和自动控制技术，实现了农田灌溉和施肥的自动化、智能化和精准化。

自动化灌溉与施肥系统通常由传感器网络、控制中心和执行机构三部分组成。传感器网络负责实时监测农田的土壤湿度、养分含量、气象条件等参数，并将数据传输到控制中心。控制中心则根据传感器网络收集的数据，结合作物的生长需求和灌溉施肥计划，通过算法计算出最优的灌溉和施肥方案。执行机构则根据控制中心的指令，自动调整灌溉和施肥设备的运行参数，实现精准灌溉和施肥。

自动化灌溉与施肥系统的应用带来了显著的效益。首先，它提高了农田灌溉和施肥的效率，促进了水肥资源的合理利用。通过实时监测土壤湿度和养分含量，系统能够精确判断作物的灌溉需求和施肥需求，减少水肥的浪费，提高水肥资源的利用率，避免过度灌溉和施肥造成的资源浪费。同时，系统还能够根据气象条件的变化和作物的生长需求，自动调整灌溉和施肥计划，合理调配水肥比例，为作物提供充足的养分和水分，确保作物在最佳的生长环境下健康生长。其次，自动化灌溉与施肥系统还具有环保和节能的优点。通过减少化肥和农药的使用量，系统能够降低环境污染风险，保护生态环境。系统还能够通过优化灌溉和施肥计划，减少能源消耗，降低农业生产成本。

在自动化灌溉与施肥系统的研发和应用过程中，技术创新和标准化建设是关键。科研机构和企业需要加大研发投入，引进和培养具备跨学科知识的专业人才，推动自动化灌溉与施肥系统的不断突破和升级。同时，政府也需要出台相关政策，鼓励和支持自动化灌溉与施肥系统的研发和推广，为农业生产提供更多的技术支撑和保障。

自动化灌溉与施肥系统的研发还需要注重与其他农业技术的融合与创新。例如，系统可以与智能化农机装备、农业物联网等技术相结合，形成完整的智慧农业生产管理体系，为农业生产提供更加全面、精准的技术支持。

自动化灌溉与施肥系统的应用还需要考虑地域差异和作物特点。不同地区的土壤、气候和作物生长条件存在差异，因此，自动化灌溉与施肥系统的设计和应用需要根据实际情况进行调整和优化。例如，在干旱地区，系统需要更加注重节水灌溉技术的研发和应用；在肥沃地区，系统则需要更加注重精准施肥技术的研发和应用。

4.2.3 智能温室环境控制系统

智能温室环境控制系统是智慧农业生产管理的又一重要组成部分，它通过集成传感器技术、物联网技术、自动控制技术和环境模型算法，实现了对温室环境的精准监测和智能调控。这一系统的应用不仅提高了温室作物的生长效率和品质，还促进了温室资源的合理利用和环境保护。

智能温室环境控制系统通常由传感器网络、控制中心、执行机构和环境模型算法四部分组成。传感器网络负责实时监测温室内的温度、湿度、光照、二氧化碳浓度等环境参数，并将数据传输到控制中心。控制中心则根据传感器网络收集的数据，结合作物的生长需求和温室环境调控计划，通过环境模型算法计算出最优的温室环境调控方案。执行机构则根据控制中心的指令，自动调整温室内的加热、通风、遮阳、灌溉等设备，实现温室环境的精准调控。

智能温室环境控制系统的应用带来了显著的效益。首先，它提高了温室作物的生长效率和品质。通过实时监测和调控温室环境，系统能够为作物提供最佳的生长条件，促进作物的健康生长和发育。同时，系统还能够根据作物的生长需求和生长阶段，自动调整温室内的环境参数，提高作物的产量和品质。其次，智能温室环境控制系统促进了温室资源的合理利用。通过精准调控温室环境，系统能够减少能源和资源的浪费，提高温室资源的利用率。例如，通过优化温室内的加热和通风设备，系统能够在保证作物生长需求的同时，降低能源消耗和温室气体排放。同时，系统还能够根据作物的生长需求和温室环境的变化，自动调整灌溉和施肥计划，提高水肥资源的利用率。此外，智能温室环境控制系统还具有智能化和可视化的特点。农业生产者可以通过手机或电脑等终端设备随时随地查看温室环境参数和作物生长情况，并根据数据进行决策和调整。同时，系统还可以将温室环境数据和作物生长数据进行可视化展示，帮助农业生产者更直观地了解温室环境和作物生长状况。

在智能温室环境控制系统的研发和应用过程中，技术创新和标准化建设是关键。科研机构和企业需要加大研发投入，引进和培养具备跨学科知识的专业人才，推动智能温室环境控制系统的不断突破和升级。同时，政府也需要出台相关政策，鼓励和支持智能温室环境控制系统的研发和推广，为农业生产提供更多的技术支撑和保障。

智能温室环境控制系统的研发还需要注重与其他农业技术的融合与创新。例如，通过集成智能农机装备和农业物联网技术，系统可以实现温室作业的自动化和智能化；通过集成农业大数据和人工智能技术，系统可以实现对温室环境和作物生长的精准预测和优化调控。这些技术的融合与创新将进一步提升智能温室环境控制系统的性能和效益。

智能温室环境控制系统的应用还需要考虑温室类型和作物特点。不同类型的温室和作物对环境的适应性和需求存在差异，因此，智能温室环境控制系统的设计和应用需要根据实际情况进行调整和优化。例如，在玻璃温室中，系统需要更加注重光照和温度的调控；在塑料温室中，系统则需要更加注重通风和湿度的调控。同时，不同作物对环境的敏感性和需求也存在差异，因此，系统需要根据作物的生长特点和需求进行个性化设计和应用。

4.3 生产计划与调度优化

4.3.1 基于需求的生产计划制定

基于需求的生产计划制定是智慧农业生产管理的核心环节之一。这一环节旨在确保农业生产活动能够紧密贴合市场需求，实现农产品的有效供给与高效利用。在智慧农业背景下，生产计划的制定不再仅依赖于传统的经验判断，而是更多地依赖于数据分析与预测技术，以实现生产计划的精准化与科学化。

基于需求的生产计划制定需要对市场需求进行深入研究与分析。这包括对市场趋势的把握、对消费者偏好的了解以及对竞争对手的动态监测。通过收集和分析市场数据，农业生产者可以更加准确地预测未来一段时间内农产品的需求量与需求结构，从而为生产计划的制定提供有力依据。

在市场需求分析的基础上，农业生产者还需要考虑自身的生产能力、资源条件以及生产成本等因素。通过对这些因素的综合评估，农业生产者可以确定合理的生产规模、生产周期以及生产批次，以确保生产计划既能够满足市场需求，又能够实现经济效益的最大化。

在制定生产计划的过程中，智慧农业技术的应用起到了至关重要的作用。通过物联网、大数据等先进技术，农业生产者可以实时监测农业生产环境、作物生长状况以及农业生产设备的运行状态，从而为生产计划的制定提供更加精准的数据支持。此外，人工智能算法的应用还可以对市场需求进行更加深入的预测与分析，进一步提高生产计划的准确性与科学性。

基于需求的生产计划制定还需要注重计划的灵活性与可调整性。由于市场需求、气候条件以及农业生产环境等因素的不确定性，生产计划在执行过程中可能会遇到各种挑战与变化。因此，农业生产者需要建立有效的计划调整机制，根据实际情况对生产计划进行及时调整与优化，以确保生产活动的顺利进行与农产品的有效供给。

通过基于需求的生产计划制定，农业生产者可以更加精准地把握市场需求与生产能力的平衡点，实现农产品的有效供给与高效利用。同时，这一环节还能够促进农业生产方式的转型升级，推动智慧农业的深入发展。

4.3.2 智能调度算法应用

智能调度算法应用是智慧农业生产管理中不可或缺的一部分。它通过对农业生产过程中的各种资源进行高效调度与优化，实现生产活动的有序进行与资源的最大化利用。

智能调度算法的应用首先需要对农业生产过程中的各种资源进行深入了解与分析，包括土地、水资源、农业生产设备、劳动力等关键要素。通过对这些资源的数量、质量以及分布情况的全面评估，农业生产者可以更加准确地掌握自身的资源条件与生产能力，从而为智能调度算法的应用提供有力依据。

在资源分析的基础上，智能调度算法可以根据生产需求与资源条件进行高效的调度与优化。这包括生产任务的分配、生产设备的调度、劳动力的安排以及水资源的分配等方面。通过智能调度算法的应用，农业生产者可以实现对各种资源的精准配置与高效利用，从而提高生产效率与降低生产成本。

智能调度算法的应用还可以实现生产过程的实时监控与动态调整。通过物联网、大数据等先进技术，农业生产者可以实时监测生产过程中的各种数据与信息。这些数据与信息可以为智能调度算法提供实时反馈与调整依据，使其能够根据实际情况进行动态调整与优化，确保生产过程的顺利进行与资源的最大化利用。

智能调度算法的应用可以显著提高农业生产效率并降低生产成本。通过精准配置与高效利用各种资源，农业生产者可以实现生产活动的有序进行与资源的最大化利用。同时，智能调度算法的应用可以促进农业生产方式的转型升级，推动智慧农业的深入发展。此外，智能调度算法的应用还可以为农业生产者提供更加科学、合理的决策支持。通过对生产过程中的各种数据与信息进行分析与挖掘，农业生产者可以更加准确地了解自身的生产能力与资源条件，从而制定出更加符合实际情况的生产计划与决策方案。

4.3.3 生产资源优化配置

生产资源优化配置是智慧农业生产管理中的关键环节之一。它旨在通过对农业生产过程中的各种资源进行科学规划与合理配置，实现资源的高效利用与农业生产的可持续发展。在智慧农业背景下，生产资源优化配置已经成为提高农业生产效率、降低生产成本以及推动农业现代化的重要手段。

生产资源优化配置首先需要对农业生产过程中的各种资源进行深入了解与分析。在资源分析的基础上，生产资源优化配置需要根据生产需求与资源条件进行科学规划与合理配置。这包括土地资源的合理利用、水资源的节约利用、农业生产设备的优化配置以及劳动力的合理安排等方面。通过科学规划与合理配置，农业生产者可以实现对各种资源的最大化利用与高效产出，从而提高生产效率与降低生产成本。

在土地资源方面，农业生产者可以通过合理的土地规划与利用，实现土地资源的高效利用与可持续发展。这包括：根据土壤类型、气候条件以及水资源等因素，合理确定种植结构与作物布局；通过土地整治与改良，提高土地质量与生产能力；以及通过土地流转与集中经营，实现土地资源的规模化与集约化利用等方面。

在水资源方面，农业生产者可以通过节水灌溉、雨水收集与利用以及水资源循环利用等措施，实现水资源的节约利用与高效产出。通过雨水收集与利用系统以及水资源循环利用系统的建设，农业生产者可以将雨水与废水等水资源进行收集、处理与再利用，进一步提高水资源的利用效率与产出效益。

在农业生产设备方面，农业生产者可以通过引进先进的农业生产设备与智能化管理系统，实现农业生产设备的优化配置与高效利用。通过智能化管理系统的应用，农业生产者可以实时监测农业生产设备的运行状态与使用情况，及时发现并解决设备故障与问题；同时，通过数据分析与预测技术，农业生产者还可以对农业生产设备的维护与保养进行精准规划与合理安排，延长设备使用寿命并提高设备利用率。

在劳动力方面，农业生产者可以通过合理安排劳动力资源、提高劳动力素质以及引进智能化管理系统等措施，实现劳动力的优化配置与高效利用。通过合理安排劳动力资源，农业生产者可以根据生产任务与劳动力需求情况，对劳动力进行合理分配与调度；同时，通过提高劳动力素质与引进智能化管理系统等措施，农业生产者还可以提高劳动力的生产效率与工作质量，进一步降低生产成本并提高生产效益。

5 智慧农业供应链管理

5.1 农业供应链管理的特点与难点

5.1.1 农业供应链特性分析

农业供应链作为连接农业生产、加工、流通和消费的复杂网络，具有其独特的特性。

农业供应链的复杂性表现在其涵盖的环节众多，从种子培育、种植管理、收获加工到市场流通，每一个环节都涉及不同的技术和管理要求。此外，农业供应链的参与者多样化，包括农户、合作社、农产品加工企业、物流公司和零售商等，这些参与者之间的信息交流和协调合作是确保供应链顺畅运行的关键。

农业供应链的另一个重要特性是其高度的季节性。农业生产受到气候和季节的深刻影响，农作物的生长周期和收获时间具有显著的季节性特征，这导致农产品供应在不同时间段内存在显著的波动。因此，农业供应链需要具备强大的调节和缓冲能力，以应对季节性变化带来的挑战。

农业供应链还具有高度的地域性。不同地区的自然条件和农业资源差异显著，导致农产品的种类和品质也各具特色。地域性不仅影响农产品的生产，还影响农产品的流通和销售。因此，农业供应链需要充分考虑地域因素，制定针对性的管理策略。

5.1.2 面临的挑战与问题

尽管农业供应链具有诸多优势，但在实际运营过程中，也面临着诸多挑战和问题。

大数据技术在供应链和物流方面的应用不足，导致整个供应链体系的信息整合程度不高。供应链云平台的使用较少，缺乏移动互联网技术的支撑，使得各个供应链节点之间的信息共享难以实现。这不仅影响了供应链的效率和响应速度，还增加了运营成本和风险。

关键技术成本较高，标准体系不健全，也是农业供应链管理面临的重要问题。以 RFID 技术为例，RFID 编码规则混乱，缺少统一标准，导致不同企业的 RFID 系统无法有效对接。此外，RFID 标签的价格仍然较高，对于价格较低的农产品而言，使用成本过高。然而，要实现供应链的全程可控，RFID 标签的使用又是必不可少的。因此，降低技术成本，健全标准体系，成为实现智慧供应链的关键挑战之一。

小农经济造成的农户合作化程度不高，也是农业供应链管理面临的难题。农产品的生产一般以小农经济为主，这种生产方式无法满足社会快速发展带来的多样化、个性化的消费需求。同时，农户合作社作为解决小农经济在供应链体系中应用的主要方式，其合作化程度并不高，与龙头企业对接不充分，生产布局不够优化，增加了构建协调统一的供应体系的难度。

农业供应链的绿色化和可持续性发展也面临诸多挑战。一方面，农业生产过程中使用的化肥、农药等化学物质对土壤和水资源造成污染，影响了农产品的品质和安全性。另一方面，农业废弃物的处理和再利用缺乏有效的技术和手段，导致资源浪费和环境污染。因此，如何在保障农产品产量的同时，实现绿色化和可持续性的供应链管理，成为亟待解决的问题。

在数字化和智能化方面，农业供应链也面临着技术成熟度不高、安全性和可靠性问题等挑战。智慧农业及智慧植物工厂的应用依赖于物联网、大数据、人工智能等先进技术，但这些技术目前还处于不断发展阶段，存在诸多不确定性。此外，如何保障数据安全和保护隐私，也是智慧农业供应链管理需要解决的重要问题。

5.1.3 发展趋势预测

随着科技的不断进步和社会的持续发展，农业供应链的数字化和智能化水平将不断提升。物联网、大数据、人工智能等先进技术的应用，将推动农业供应链的每一个环节实现数字化管理和智能化决策。通过高精度专用传感器、智能测控终端以及高端智能农机装备等核心技术装备，可以实现信息感知的即时性、数据采集的全面性、分析处理的精准性和智能决策的科学性。这将大大提高农业生产的效率和质量，降低运营成本，提升农产品的安全性和可追溯性。

农业供应链的绿色化和可持续性将成为重要的发展方向。随着社会对环境保护和可持续发展的日益重视，农业供应链需要更加注重资源的节约和环境的保护。通过推广绿色农业和有机农业，优化化肥和农药的使用，减少化学物质对土壤和水资源的污染。同时，加强农业废弃物的处理和再利用，实现资源的循环利用和零排放。这将有助于提升农产品的品质和安全性，增强农产品的市场竞争力。

农业供应链的协同化和一体化程度将不断提高。通过加强供应链各节点之间的信息共享和协调合作，可以优化供应链的资源配置和业务流程，提高供应链的效率和响应速度。同时，推动供应链上下游企业的深度融合和协同发展，形成紧密的产业链和价值链。这将有助于提升农业供应链的整体竞争力和抗风险能力。

农业供应链将更加注重消费者需求和市场变化。随着消费者对农产品的品质和安全性要求不断提高，农业供应链需要更加注重消费者需求和市场变化。通过加强市场调研和数据分析，了解消费者的需求和偏好，及时调整生产计划和销售策略。同时，加强与消费者的互动和沟通，建立稳定的客户关系和营销渠道。这将有助于提升农产品的市场占有率和品牌影响力。

农业供应链将更加注重技术创新和人才培养。技术创新是推动农业供应链发展的重要动力。未来，需要加大对农业传感器、芯片、算法、模型等关键技术的研发力度，突破技术瓶颈，提升技术水平和创新能力。同时，加强人才培养和引进，培养一批具备专业技能和创新精神的高素质人才，为农业供应链的发展提供有力的人才保障。

5.2 智慧供应链系统的构建

5.2.1 系统架构设计

智慧供应链系统的架构设计是智慧供应链系统构建的关键环节，系统架构设计需考虑系统的可扩展性、可靠性和灵活性，以适应不同规模和类型的农业生产需求。

智慧供应链系统的架构设计主要包括感知层、传输层、应用层和数据管理层。感知层利用各类传感器和智能设备实时采集农田环境数据、作物生长数据、农机设备状态数据以及物流运输数据等。这些传感器包括土壤湿度传感器、温度传感器、光照强度传感器、RFID标签等，能够实现对农业生产环境的全面感知。传输层通过有线或无线通信技术，将感知层采集的数据传输到数据中心或云端服务器。应用层则基于云计算、大数据和人工智能技术，对传输的数据进行处理、分析和挖掘，为农业生产提供智能化决策支持。数据管理层则负责数据的存储、备份、管理和安全保护，确保数据的可靠性和安全性。

在系统架构设计中，还需考虑系统的模块化设计和分布式架构。模块化设计将系统划分为多个独立的功能模块，每个模块具有明确的接口和功能，方便模块间的解耦和重构。分布式架构则支持系统的横向扩展，提高系统的可伸缩性和可靠性。同时，采用微服务架构，将功能模块拆分为多个独立的微服务，每个微服务可独立部署和升级，进一步提高系统的灵活性和可维护性。

在系统架构设计中，还需特别关注系统的安全性和隐私保护。通过数据加密、访问控制和漏洞修复等措施，确保系统的安全可靠，并保护用户的隐私权益。此外，系统架构设计还需考虑系统的易用性和用户体验，提供友好的用户界面和操作流程，降低用户的学习成本和使用难度。

5.2.2 关键技术应用

智慧供应链系统的构建离不开关键技术的应用，这些技术包括物联网技术、大数据技术、云计算技术和人工智能技术等。这些技术的应用，使得智慧供应链系统能够实现对农业生产、加工、物流和销售等各个环节的智能化管理和优化。

物联网技术是智慧供应链系统的基石。物联网技术的应用，使得智慧供应链系统能够实现对农业生产环境的实时监测和远程控制，提高农业生产的精准化和自动化水平。

大数据技术在智慧供应链系统中发挥着重要作用。通过整合和分析海量数据，挖掘潜在关联，指导决策制定。例如，通过对作物生长周期的分析，可以制订精准的灌溉和施肥计划；通过对物流运输数据的分析，可以优化物流路径和运输方式，降低运输成本和提高运输效率。

云计算技术为智慧供应链系统提供了强大的计算和存储能力。通过云计算平台，可以实现数据的实时存储、备份和管理，确保数据的可靠性和安全性。同时，云计算平台还可以提供丰富的应用和服务，如数据分析、数据挖掘、机器学习等，为智慧供应链系统的智能化决策提供支持。云计算技术的应用，使得智慧供应链系统能够实现对数据的快速处理和高效利用，提高整个供应链的响应速度和灵活性。

人工智能技术在智慧供应链系统中发挥着越来越重要的作用。通过机器学习和深度学习等技术，可以对采集的数据进行智能分析和预测，为农业生产提供智能化决策支持。例如，通过对作物生长数据的分析，可以预测作物的产量和品质；通过对物流运输数据的分析，可以预测运输时间和成本。

除了上述关键技术外，智慧供应链系统的构建还需考虑其他技术的集成和应用。例如，通过北斗导航和 GIS 技术的应用，可以实现农机的自动驾驶和精准作业；通过 RFID 和二维码技术的应用，可以实现农产品的溯源和监管；通过质量检测设备和实验室的应用，可以确保农产品的质量符合标准。这些技术的集成和应用，将进一步推动智慧供应链系统的发展和优化。

5.2.3　信息共享平台建设

信息共享平台是智慧供应链系统的重要组成部分，它旨在打破信息壁垒，促进信息的流通和共享，提高整个供应链的透明度和协同性。信息共享平台的建设需要考虑平台的功能设计、数据标准和接口规范等方面。

信息共享平台的功能设计应满足农业生产、加工、物流和销售等各个环节的信息需求。例如，平台可以提供市场动态信息、技术知识信息、政策信息等服务，帮助农民和企业快速获取相关信息，增强农业生产的针对性和预见性。同时，平台还可以提供农产品供应链上下游的有效对接服务，缩短销售周期，减少中间环节，提高农产品的附加值和市场响应速度。

在信息共享平台的建设中，数据标准和接口规范的制定至关重要。通过制定统一的数据标准和接口规范，可以实现不同系统之间的数据交换和共享，避免信息孤岛和重复建设。数据标准和接口规范的制定需要考虑数据的格式、编码、传输协议等方面，确保数据的准确性和一致性。

信息共享平台的建设还需考虑平台的安全性和隐私保护。通过数据加密、访问控制和身份认证等措施，确保平台的数据安全和用户隐私。同时，平台还需建立应急响应机制和数据备份机制，以应对可能的安全风险和系统故障。

信息共享平台的建设还需要考虑平台的可扩展性和易用性。通过模块化设计和分布式架构，实现平台的可扩展性和灵活性，以适应不同规模和类型的农业生产需求。

在信息共享平台的实施过程中，还需加强与其他系统的集成和协同。例如，与智慧农业云平台、物联网平台、大数据平台等系统的集成，实现数据的共享和协同处理。通过与其他系统的集成和协同，可以进一步提高信息共享平台的效率和效益，推动智慧供应链系统的发展和优化。

信息共享平台的运维策略也是智慧供应链系统建设中的重要环节。通过制订系统维护计划、数据备份计划和应急响应计划等，确保平台的稳定运行和数据安全。同时，还需加强对平台用户的培训和技术支持，提高用户的使用效果和满意度。通过合理的运维策略和管理措施，可以确保信息共享平台的持续运行和不断优化，为智慧供应链系统的发展提供有力支持。

5.3 农产品物流信息化与智能化

5.3.1 物流信息标准化建设

物流信息标准化建设是智慧农业供应链管理中农产品物流信息化与智能化的基石。在农产品流通的各个环节中，信息的准确性和及时性至关重要，物流信息标准化正是确保这一点的关键所在。物流信息标准化涵盖了从农产品的生产、加工、包装、仓储、运输到销售的全过程，旨在通过制定统一的信息编码、数据格式、交换协议等标准，实现信息的无缝对接和高效流通。

物流信息标准化有助于提升农产品的可追溯性。通过建立农产品的唯一标识码，将农产品的生产信息、质量检测结果、流通路径等关键信息录入系统，消费者和监管机构可以实时查询，确保农产品的安全性和质量。同时，这也为农产品的召回和追溯提供了便利，降低了农产品安全风险。

物流信息标准化促进了供应链各节点之间的信息共享和协同。在标准化的框架下，农产品生产商、加工商、物流商和销售商等可以基于统一的信息平台进行交流，减少因信息不对称导致的沟通障碍和决策失误。这种协同作业不仅提高了供应链的响应速度，还降低了运营成本，增强了整个供应链的竞争力。

物流信息标准化还推动了物流技术的创新和应用。标准化为物联网、大数据、云计算等先进技术在农产品物流领域的应用提供了基础条件。例如，通过物联网技术，可以实时监测农产品的温度、湿度等环境参数，确保农产品在运输和仓储过程中的品质；通过大数据技术，可以分析农产品的销售趋势和消费者偏好，为供应链的优化提供数据支持。

在实施物流信息标准化建设的过程中，需要政府、行业协会、企业和科研机构等多方面的共同努力。政府应出台相关政策，引导和鼓励企业参与标准化建设；行业协会应发挥桥梁和纽带作用，组织企业共同制定行业标准；企业应积极响应标准化建设的号召，提升自身的信息化水平；科研机构则应加大技术研发力度，为标准化建设提供技术支持。

5.3.2 智能仓储与配送系统

智能仓储与配送系统是智慧农业供应链管理中农产品物流信息化与智能化的重要支撑。随着物联网、人工智能、自动化等技术的发展，智能仓储与配送系统正在逐步改变农产品物流的传统模式，提高物流效率和服务质量。

智能仓储系统通过引入自动化立体仓库、智能货架、自动分拣系统等设备，实现了农产品的快速入库、精准存储和高效出库。自动化立体仓库利用堆垛机、穿梭车等自动化设备，将农产品存放在高层货架上，大大提高了仓库的存储容量和作业效率。智能货架则通过传感器和RFID技术，实时监测农产品的库存情况和位置信息，为管理者提供准确的决策依据。自动分拣系统则根据农产品的种类、规格等信息，自动将其分拣到指定的出库口，减少了人工干预，提高了分拣的准确性和速度。

智能配送系统则通过优化配送路径、智能调度车辆、实时监控运输状态等手段，提高了农产品的配送效率和服务水平。利用GIS和GPS技术，可以实时获取车辆的位置和状态信息，为调度员提供准确的车辆调度依据。同时，通过算法优化配送路径，可以减少运输时间和成本，提高配送效率。此外，智能配送系统还可以实现农产品的温度、湿度等环境参数的实时监控，确保农产品在运输过程中的品质和安全。

在实施智能仓储与配送系统的过程中，企业需要注重系统的集成和协同。智能仓储与配送系统应与其他信息系统如企业资源计划（ERP）、仓库管理系统（WMS）、运输管理系统（TMS）等进行集成，实现数据的共享和交换。同时，各系统之间应建立协同机制，确保信息的准确性和及时性，提高整个供应链的响应速度和协同能力。

此外，企业还需要注重智能仓储与配送系统的安全性和可靠性。农产品物流涉及食品安全和消费者健康等敏感问题，因此系统的安全性和可靠性至关重要。企业应加强对系统的维护和保养，定期进行安全检查和漏洞修复，确保系统的稳定运行。同时，还应建立应急预案和灾难恢复计划，以应对可能出现的系统故障或突发事件。

5.3.3 冷链物流技术应用

冷链物流技术是智慧农业供应链管理中农产品物流信息化与智能化的关键所在。农产品在流通过程中易受到温度、湿度等环境因素的影响而发生变质或损坏，冷链物流技术正是通过控制这些因素来确保农产品的品质和安全。

冷链物流技术涵盖了冷藏车、冷藏库、冷冻机等硬件设备以及温度监控、湿度控制等软件系统。这些设备和系统共同构成了农产品冷链物流的保障体系。冷藏车和冷藏库通过制冷技术将农产品保存在适宜的温度范围内，确保其品质和口感。温度监控和湿度控制系统则实时监测农产品的存储环境，一旦发现异常立即报警并采取措施进行处理。

在冷链物流技术的应用过程中，企业需要注重技术的创新和改进。随着物联网、大数据等技术的发展，冷链物流技术也在不断更新换代。例如，通过物联网技术可以实现农产品的全程温度监控和追溯；通过大数据技术可以分析农产品的销售趋势和库存情况，为冷链物流的优化提供数据支持。企业应积极引进和应用这些先进技术，提高冷链物流的智能化水平和效率。

同时，冷链物流技术的应用还需要与物流成本控制相结合。冷链物流的成本相对较高，企业需要在保证农产品品质和安全的前提下，通过优化物流流程、降低能耗、提高设备利用率等手段来降低物流成本。例如，通过提高冷藏库和冷藏车的保温性能，降低能耗；通过加强设备的维护和保养，延长使用寿命和降低维修成本等。

在实施冷链物流技术的过程中，企业还需要注重与供应链上下游企业的协同合作。农产品冷链物流涉及多个环节和多个企业，需要各方共同努力才能实现高效、安全的物流运作。企业应加强与生产商、加工商、销售商等供应链上下游企业的沟通和协作，共同制定冷链物流标准和规范，推动冷链物流技术的普及和应用。同时，企业还应积极参与行业协会和组织的相关活动，加强与同行的交流与合作，共同推动农产品冷链物流的发展。

此外，政府也应在冷链物流技术的发展和推广中发挥积极作用。政府可以出台相关政策鼓励企业应用冷链物流技术，加大对冷链物流基础设施的投资和建设力度，加强对冷链物流企业的监管和指导等。这些措施将有助于推动农产品冷链物流的快速发展和普及。

5.4 供应链协同与风险管理

5.4.1 协同机制与策略制定

智慧农业供应链管理中的协同机制与策略制定是实现供应链高效运作和可持续发展的关键。智慧农业依赖于先进的信息技术，如物联网、云计算、大数据分析和人工智能算法等。这些技术推动了农业生产的智能化转型，同时也对供应链管理提出了新的要求。

在智慧农业项目中，供应链管理涵盖了原材料采购、生产加工、物流配送以及销售等各个环节，确保这些环节顺畅运行是实现项目成功的基石。因此，需要建立一套系统的协同机制，以提高供应链的协同性和灵活性，满足项目长期发展的需求。

在采购管理方面，智慧农业项目需要制定高效的采购策略，以确保从供应商选择到采购执行再到库存管理，每一步都经过精心设计和严格监控。采购策略的制定应结合项目需求和市场状况，以最大化降低采购成本和提高供应链效率为目标。

在供应商选择方面，实施严格的评估标准，包括供应商的信誉、产品质量、价格竞争力、交货准时率和售后服务等。通过市场调研和数据分析来确定潜在的合格供应商，并通过定期审计和反馈机制来确保供应商的持续改进和优质服务。同时，根据业务需求制定多元化采购策略，以降低单一供应商带来的风险。

在库存管理方面，智慧农业项目需要采用先进的库存控制技术和供应链管理理论，以实现库存周转快、库存水平低、库存准确性高的目标。建立一套科学的库存预警系统，实时监控库存状况并根据需求波动调整库存水平。此外，通过供应链协同管理和供应商协同计划，实现库存的优化配置和供应链的协同运作。

在物流配送方面，智慧农业项目需要建立一套高效的物流配送体系，确保原材料及时准确地到达生产现场。通过加强库存周转管理、预测管理等方式，优化资源配置。同时，引进先进的供应链管理系统，实时跟踪原材料库存情况和物流配送状态，提高供应链的透明度和响应速度。

此外，智慧农业项目还需要注重与销售环节的协同。通过市场需求预测，制定适应性强的生产策略，确保在满足订单交付要求的同时优化库存水平。采用先进的生产计划管理软件来精细化生产管理过程，定期监控生产数据，分析生产瓶颈环节，调整生产计划。同时，与销售部门紧密合作，根据市场需求变化及时调整生产策略，确保产品的市场竞争力。

在协同机制的实施过程中，还需要注重信息的共享和沟通。智慧农业供应链管理需要建立一套完善的信息共享平台，实现供应链上下游企业之间的信息互通和数据共享。通过数字化手段，如电子化的采购系统、库存管理系统和物流配送系统等，提高信息的准确性和实时性，降低信息不对称带来的风险。

同时，建立定期沟通和协调机制，解决供应链运行过程中出现的问题和矛盾。通过定期的会议、报告和数据分析等方式，及时了解供应链的运行状况，发现问题并采取相应措施进行解决。此外，还可以利用大数据和人工智能技术，对供应链的运行数据进行深度挖掘和分析，为供应链的优化提供科学依据。

5.4.2 风险评估与识别方法

智慧农业供应链管理中的风险评估与识别是实现供应链稳定性和可持续性的重要环节。智慧农业项目面临着多种风险，因此，需要建立一套完善的风险评估和识别方法，及时发现和应对潜在风险。

在风险评估方面，可以采用风险矩阵法和模糊综合评价法等方法对识别出的风险进行评估。风险矩阵法将风险发生的可能性和后果严重程度划分为不同等级，构建风险矩阵，对风险进行量化评估。模糊综合评价法则通过计算机模拟技术，模拟风险发生的随机过程，计算风险发生的概率和损失分布，评估风险大小。这些方法可以综合考虑多种因素，得出风险的综合评价结果，为制定风险应对措施提供依据。

在风险识别方面，智慧农业项目可以利用专家调查法、头脑风暴法和德尔菲法等方法。专家调查法利用专家经验、知识和判断力，通过问卷、访谈等方式收集信息，识别潜在风险。头脑风暴法组织多学科背景的专家团队，通过自由讨论、思维碰撞等方式激发创新思维，全面识别风险。德尔菲法采用匿名方式征求专家意见，经过多轮反馈和汇总，逐步收敛意见，识别主要风险。这些方法可以充分利用专家的专业知识和经验，提高风险识别的准确性和全面性。

智慧农业项目需要注重数据的收集和分析，通过大数据技术对农业生产、市场、政策等多源数据进行挖掘和分析，为风险评估和识别提供科学依据。在风险评估和识别的过程中，还需要注重风险之间的关联性和影响性。智慧农业项目中的风险往往不是孤立的，它们之间存在着复杂的关联关系。因此，需要综合考虑各种风险之间的相互影响和制约关系，进行风险关联性和影响性分析。通过这种方法，可以更深入地了解风险的本质和潜在影响，为制定有效的风险应对措施提供科学依据。

此外，智慧农业项目还需要注重风险预警机制的建设。通过建立一套完善的风险预警系统，实时监测供应链的运行状况和风险指标的变化情况。当风险指标超过预设的阈值时，系统能够及时发出预警信号，提醒项目管理人员采取相应的应对措施。这样可以提高风险应对的及时性和有效性，降低风险对项目的影响程度。

5.4.3 风险应对与预案制定

智慧农业供应链管理中的风险应对与预案制定是确保项目稳定运行和有效应对突发事件的关键环节。智慧农业项目面临着技术风险、市场风险、管理风险、合作风险等，这些风险可能对项目的实施和效果产生负面影响。因此，需要制定完善的风险应对措施和应急预案，以提高项目的抗风险能力和应急响应能力。

在技术风险方面，智慧农业项目需要持续关注技术的更新和变革，加强技术研发和创新，提高项目的技术水平和竞争力。同时，建立技术储备和备份机制，确保在关键技术出现问题时能够及时替换和修复。此外，加强技术人员的培训和技术支持，提高技术团队的整体素质和应对能力。

在市场风险方面，智慧农业项目需要密切关注市场动态和消费者需求的变化，及时调整市场营销策略和产品定位。通过加强市场调研和分析，了解竞争对手的情况和市场趋势，为制定有效的市场营销策略提供依据。同时，建立灵活的价格机制和销售渠道，以应对市场价格波动和销售渠道变化带来的风险。

在管理风险方面，智慧农业项目需要加强项目管理和组织协调能力，建立科学的管理制度和流程。通过加强项目管理人员的培训和提升项目管理人员的管理能力，提高项目管理的效率和质量。同时，建立项目监控和评估机制，定期对项目的进展和效果进行评估和分析，及时发现问题并采取相应的措施。

在合作风险方面，智慧农业项目需要与合作伙伴建立良好的合作关系与信任机制。通过签订详细的合作合同和协议，明确双方的权利和义务，降低合作过程中的风险和纠纷。同时，建立定期的沟通和协调机制，及时解决合作过程中出现的问题和矛盾，保持合作的稳定性和可持续性。

在制定应急预案方面，智慧农业项目需要建立一套完善的应急预案体系，包括应急组织、通信联络、现场处置、医疗救护、安全防护、后期处置等方面。应急预案的制定需要结合项目的实际情况和潜在风险，明确应急响应流程和责任分工。同时，定期组织相关人员进行应急演练和培训，提高应急响应能力和协同作战水平。在应急预案的实施过程中，智慧农业项目需要注重信息的共享和沟通。通过建立应急信息共享平台，实现项目内部和外部之间的信息互通和数据共享。通过数字化手段，如电子化的应急管理系统和通信设备等，提高信息的准确性和实时性，降低信息不对称带来的风险。

此外，智慧农业项目还需要注重风险应对的灵活性和创新性。在风险应对过程中，根据项目实际情况和潜在风险的变化情况，灵活调整风险应对措施和应急预案。同时，鼓励和支持相关人员进行风险管理的创新和探索，引入新技术、新方法，提高风险管理的科学性和有效性。

5.4.4 持续改进与绩效评估

智慧农业供应链管理中的持续改进与绩效评估是确保智慧农业供应链不断优化和提升的关键环节。智慧农业项目面临着不断变化的市场环境和技术挑战，需要不断调整和优化供应链管理策略，以适应新的需求和挑战。同时，对供应链的绩效进行评估和反馈，可以及时发现存在的问题和不足，为改进提供依据和方向。

在持续改进方面，智慧农业项目需要建立一套完善的持续改进机制，包括定期评估、问题识别、改进措施制定和实施等环节。通过定期评估供应链的运行状况和绩效指标，及时发现存在的问题和不足。问题识别阶段需要运用科学的方法和工具，如数据分析、专家访谈等，准确识别问题的根源和影响因素。改进措施制定阶段需要结合项目的实际情况和潜在风险，制定切实可行的改进措施。实施阶段需要明确责任分工和时间节点，确保改进措施得到有效执行。

在绩效评估方面，智慧农业项目需要建立一套科学的绩效评估体系，包括关键绩效指标（KPI）设定、数据采集和分析、绩效评估结果反馈等环节。比如，关键绩效指标的设定需要结合项目的目标和战略，确保绩效评估的针对性和有效性。

6 智慧农业市场营销与客户关系管理

6.1 农业市场分析与预测

6.1.1 市场趋势与需求分析

智慧农业作为现代农业发展的新阶段，正经历着前所未有的变革。随着全球经济的不断发展和科技的飞速进步，农业市场正展现出一系列新的趋势和需求。

全球化和数字化的浪潮正在深刻改变农业的面貌。在全球化背景下，农产品贸易壁垒逐渐降低，市场竞争愈发激烈，农业企业需要关注市场动态，不断调整自身战略定位，以应对来自国际市场的挑战。同时，数字化技术的应用为农业生产提供了前所未有的便利和效率，智能农业设备、大数据分析、物联网技术等正在成为农业生产的重要工具，推动农业向精准化、智能化方向发展。

在市场需求方面，消费者的需求逐渐从简单的产品功能转变为全面的消费体验。现代消费者不仅关注农产品的品质和口感，还越来越重视产品的安全性、营养价值和环保属性。因此，智慧农业企业需要关注产品和服务的质量、设计、体验等方面，以满足消费者日益多样化的需求。同时，智能化和绿色环保成为当前主流的消费趋势，企业应加大对智能产品和环保产品的研发和推广力度，以满足市场对高品质农产品的需求。

此外，随着人口的增长和城市化进程的加速，农业资源的有限性愈发凸显，如何在有限的资源条件下提高农业生产效率、保障国家粮食安全，成为智慧农业企业需要面对的重要课题。因此，智慧农业的发展需要注重资源的优化配置和高效利用，通过科技创新和科学管理，实现农业生产的可持续发展。

6.1.2 竞争对手与竞争格局

智慧农业领域的竞争格局正在发生深刻变化，行业内企业间的竞争愈发激烈。随着科技的进步和市场的拓展，智慧农业企业面临着来自国内外市场的双重竞争压力。

在国内市场竞争方面，智慧农业企业数量众多，但规模普遍较小，市场份额相对分散。这些企业主要集中在智能农业设备、大数据分析、物联网技术等领域，通过提供智能化解决方案和服务，提高农业生产效率和品质。然而，由于技术水平和市场经验的限制，这些企业在产品创新和市场竞争方面仍存在较大差距。

在国际市场竞争方面，智慧农业企业面临着来自发达国家的强大竞争压力。发达国家在农业科技和智能化方面具有较高的水平，拥有先进的农业设备和生产技术，能够提供高品质、高效率的农业解决方案。同时，发达国家还注重农产品的品牌建设和市场推广，通过完善的营销网络和渠道，提高农产品的知名度和市场占有率。

在竞争格局方面，智慧农业企业面临着多种竞争形式。首先是垄断竞争，少数具有市场控制能力的企业垄断市场，但市场进入门槛较低，存在较多的小规模竞争对手。其次是寡头垄断，市场上只有几个强势企业存在，它们对市场的控制形成一定程度的垄断局面。最后是全面竞争，市场上存在大量的小规模企业，产品差异化程度低，市场竞争激烈。

为了应对市场竞争，智慧农业企业需要制定科学的竞争策略。首先，企业需要加强技术创新和产品研发，提高产品的性能和品质，增强市场竞争力。其次，企业需要注重品牌建设和市场推广，提高产品的知名度和美誉度，扩大市场份额。同时，企业还需要加强与产业链上下游企业的合作，实现资源共享和优势互补，提高整体竞争力。此外，智慧农业企业需要关注竞争对手的动态和市场变化，及时调整自身战略定位。通过深入分析竞争对手的优劣势和市场策略，企业可以找到自身的定位和发展方向，避免在市场竞争中遭受不必要的损失。

6.1.3 政策环境与社会影响

智慧农业的发展离不开政策环境的支持和引导。近年来，各国政府纷纷出台了一系列旨在促进智慧农业发展的政策措施，为智慧农业的发展提供了良好的政策环境。各国政府通过制定财政补贴、税收优惠、科研支持等政策，鼓励企业加大科技创新和产品研发力度，推动智慧农业的发展。例如，一些国家设立了专门的农业科技研发基金，支持农业科技创新和成果转化；还有一些国家实施了农业信息化工程，推动信息技术与农业生产的深度融合。同时，政府加强了对智慧农业企业的监管和管理，规范市场秩序，保障公平竞争。通过加强对农业投入品、农产品质量等方面的监管，提高了农产品的安全性和品质，保障了消费者的权益。此外，政府鼓励企业加强技术创新和知识产权保护，提高市场竞争力。

除了政策环境的支持，智慧农业的发展还受到社会因素的影响。随着消费者对环保和健康的关注度不断提高，智慧农业企业需要通过科学种植和养殖技术，减少化肥和农药的使用，提高农产品的品质和安全性。同时，智慧农业企业还需要加强与消费者的沟通和互动，了解消费者的需求和意见，不断改进产品和服务，提高客户满意度和忠诚度。

智慧农业的发展还对社会产生了积极的影响。通过智能化技术的应用，农业生产过程中的资源浪费和环境污染问题得到了有效解决，农产品品质得到了提升。同时，农业生产过程中的劳动强度得到了降低，农业生产效率得到了提高，农民收入水平得到了提升。智慧农业的发展带动了农村电商、乡村旅游等新型产业的发展，为农村经济提供了新的增长点。智慧农业的发展还推动了农业科技的进步和创新。这不仅为农业生产提供了更多的科技支撑和创新动力，也为农业产业的升级和转型提供了有力的保障。

6.2 智慧营销策略与手段

6.2.1 精准营销策略制定

在智慧农业的运营管理中，精准营销策略的制定是提升企业市场竞争力、增强客户黏性的关键步骤。精准营销的核心在于通过大数据分析、用户画像构建等手段，深入了解目标市场的需求与偏好，从而制定针对性的营销方案。

智慧农业企业需要收集并分析大量的市场数据，包括但不限于消费者行为数据、农产品销售数据、竞争对手动态等。这些数据可通过物联网设备、社交媒体、电商平台等多种渠道获取。通过数据分析，企业能够洞察市场趋势，识别潜在的增长点和风险点，为营销策略的制定提供科学依据。

在数据分析的基础上，构建用户画像成为精准营销的重要一环。用户画像是对目标用户群体的详细描述，包括他们的年龄、消费习惯、兴趣爱好等多维度信息。通过用户画像，企业能够更准确地理解客户需求，实现个性化推荐和服务。例如，对于偏好有机农产品的消费者，企业可以推出定制化的有机农产品礼盒，并通过社交媒体等渠道进行精准推送。

精准营销策略的制定还需考虑产品定位和品牌塑造。智慧农业企业应明确自身的核心竞争优势，如技术创新、品质保证、服务优势等，并围绕这些优势进行品牌定位。同时，通过内容营销、事件营销等手段，提升品牌知名度，增强消费者对品牌的认同感。

在实施精准营销策略时，企业还需注重营销渠道的优化。传统的线下渠道如农贸市场、超市等仍具有一定的市场影响力，但智慧农业企业应更加重视线上渠道的建设，如电商平台、社交媒体、短视频平台等。通过线上渠道，企业可以突破地域限制，触达更广泛的消费者群体，并借助大数据分析实现精准投放和效果追踪。

智慧农业企业还需关注营销活动的时机选择。例如，在节假日、农产品丰收季节等关键时间点，推出限时折扣、满减优惠等活动，可以激发消费者的购买欲望，提升销售额。同时，企业还需注重活动的创意和趣味性，以吸引消费者的注意力并提升参与度。

精准营销策略的制定还需考虑客户反馈和持续优化。企业应建立有效的客户反馈机制，及时收集并分析客户对产品和服务的意见建议。通过客户反馈，企业可以发现营销策略中的不足之处，并进行针对性的调整和优化。同时，企业还需关注市场动态和竞争对手的变化，灵活调整营销策略以保持市场领先地位。

6.2.2 数字化营销工具应用

数字化营销工具在智慧农业市场营销中扮演着至关重要的角色。这些工具不仅能够帮助企业提升营销效率，降低营销成本，还能够实现更精准的营销定位和个性化的客户服务。

在数字化营销工具的应用中，社交媒体平台是不可或缺的一部分。

智慧农业企业可以通过微信公众号、微博、抖音等社交媒体平台，发布产品信息、行业动态、优惠活动等内容，吸引消费者的关注和互动。同时，通过社交媒体平台的广告投放功能，企业可以精准定位目标用户群体，实现广告的精准投放和效果追踪。

除了社交媒体平台外，搜索引擎优化（SEO）和搜索引擎营销（SEM）也是智慧农业企业常用的数字化营销工具。通过优化网站内容和结构，提高网站在搜索引擎中的排名，企业可以吸引更多的潜在客户访问网站并了解产品。同时，通过搜索引擎广告投放，企业可以在用户搜索相关关键词时展示广告信息，提升品牌知名度和曝光率。

在数字化营销工具的应用中，数据分析工具同样重要。通过数据分析工具，企业可以收集并分析用户行为数据、销售数据等关键信息，了解用户对不同产品的偏好程度、购买频率等关键信息，从而调整产品结构和营销策略以满足市场需求。

在数字化营销工具的应用中，自动化营销工具也发挥着重要作用。通过自动化营销工具，企业可以实现邮件营销、短信营销等自动化操作，降低营销成本并提高营销效率。同时，自动化营销工具还可以根据用户的行为和偏好进行个性化推荐和服务，提升用户体验和满意度。

此外，智慧农业企业还可以利用虚拟现实（VR）、增强现实（AR）等先进技术进行数字化营销。通过 VR、AR 技术，企业可以创建虚拟的农产品展示空间或种植场景，让消费者身临其境地了解产品的特点和优势。这种创新的营销方式不仅可以提升品牌知名度和美誉度，还可以激发消费者的购买欲望并促进销售。

在数字化营销工具的应用中，企业还需注重数据安全和隐私保护。在收集和分析用户数据时，企业应遵守相关法律法规和道德规范，确保用户数据的合法性和安全性。同时，企业还应加强内部管理和培训，提高员工的数据安全意识和操作技能。

6.2.3 跨界合作与资源整合

跨界合作与资源整合是智慧农业企业在市场营销中实现创新突破、拓展市场边界的重要途径。

通过与其他行业或领域的合作，企业可以获取更多的资源和优势，共同打造更具竞争力的产品和服务。在跨界合作中，智慧农业企业可以与科技公司、电商平台、金融机构等建立合作关系。与科技公司合作，可以引入先进的技术和创新理念，提升农业生产的智能化水平；与电商平台合作，可以拓宽销售渠道并提升品牌影响力；与金融机构合作，可以获得更多的资金支持并降低融资成本。这些合作不仅有助于企业提升竞争力，还可以为消费者提供更加便捷、高效的服务体验。

除了与其他行业或领域的合作外，智慧农业企业还可以整合内部资源，实现资源的优化配置和高效利用。例如，企业可以通过整合生产、加工、销售等环节的资源，打造全产业链的运营模式。这种运营模式可以降低生产成本、提高生产效率并提升产品质量和安全性。同时，企业还可以通过整合研发、设计、营销等资源，打造更具创新性和差异化的产品和服务。

在跨界合作与资源整合中，企业还需注重品牌建设和文化融合。通过与合作伙伴的共同努力，打造具有独特魅力和影响力的品牌形象和文化内涵。这种品牌形象和文化内涵不仅可以提升企业的美誉度，还可以增强消费者对品牌的忠诚度。

在跨界合作与资源整合中，企业还需注重风险管理和合规经营。在合作过程中，企业应充分了解合作伙伴的背景和信誉情况，并进行充分的风险评估和合规审查。同时，企业还应建立完善的合作机制和监督机制，确保合作过程的顺利进行和合作成果的共享。

此外，智慧农业企业还可以通过参与行业协会、组织展会等方式，加强与同行业企业的交流与合作。通过行业协会等平台，企业可以了解行业动态和政策走向，获取更多的市场信息和资源。同时，通过展会等活动，企业可以展示自身的产品和服务优势，吸引潜在客户的关注和争取合作机会。

在跨界合作与资源整合中，企业还需注重创新能力和核心竞争力的提升。通过与合作伙伴的共同研发和创新，企业可以不断推出新的产品和服务以满足市场需求。同时，企业还应加强自身的技术研发和人才培养力度，提升核心竞争力和创新能力。

6.3 客户关系管理系统构建

6.3.1 系统功能需求分析

在智慧农业的运营管理中，客户关系管理系统（CRM）的构建是提升市场竞争力、优化资源配置、增强客户满意度的关键环节。系统功能需求分析是CRM系统建设的第一步，它旨在明确系统应具备的核心功能和特性，以满足智慧农业企业在市场营销与客户关系管理方面的实际需求。

CRM系统须具备全面的客户信息管理功能，包括但不限于客户基本信息（如姓名、联系方式、地址等）、购买历史、偏好分析等。通过整合这些信息，企业可以形成对客户需求的深刻理解，为后续的市场定位和产品开发提供数据支持。

系统应支持智能化的客户分类与分级管理。根据客户的购买频率、消费金额、反馈评价等多维度数据，CRM系统能够自动将客户划分为不同的等级或群体，以便企业实施更加精准的营销策略和个性化的服务。

CRM系统还需具备强大的数据分析与预测能力。通过对历史数据的深度挖掘，系统能够预测客户的未来需求趋势，帮助企业提前调整库存、优化生产计划。同时，系统还能生成各类销售报表和市场分析报告，为企业的战略决策提供数据支撑。

CRM 系统还应集成多渠道沟通功能，以实现与客户的无缝连接。这不仅有助于提升客户体验，还能确保企业能够及时响应客户的咨询、投诉和建议，从而有效维护客户关系。

系统需支持自动化的营销流程管理，如邮件营销、短信推送、社交媒体广告等。通过预设的营销模板和触发器，CRM 系统能够自动执行营销活动，减轻人工操作负担，提高营销效率。

6.3.2 客户画像与数据分析

在智慧农业客户关系管理系统中，客户画像与数据分析是提升客户体验、优化营销策略、增强客户忠诚度的关键手段。客户画像是对客户特征、行为、偏好等信息的综合描述，它帮助企业更加深入地了解客户群体，为精准营销和个性化服务提供基础。

构建客户画像时，需要收集客户的基本信息，如性别、职业、地域等。这些信息是了解客户背景、制定营销策略的基础。同时，还需关注客户的浏览记录、反馈评价等动态数据，以捕捉客户的消费习惯、偏好变化以及潜在需求。

在数据分析方面，CRM 系统应运用先进的算法和技术，对客户数据进行深度挖掘和关联分析。例如，通过聚类分析将客户划分为不同的群体，识别各群体的共同特征和差异化需求；通过挖掘关联规则来发现客户购买行为之间的关联性，为产品组合和促销策略提供依据；通过预测模型预测客户的未来购买意向和潜在价值，为精准营销和客户关系维护提供指导。

此外，CRM 系统还应支持实时的数据监控和可视化展示。企业可以通过仪表盘、报表等形式，实时监控客户数据的动态变化，及时发现市场趋势和潜在风险。通过可视化展示，企业可以更加直观地了解客户群体的特征和分布，为制定和调整营销策略提供直观依据。

在构建客户画像和进行数据分析的过程中，企业还需注意保护客户的隐私和数据安全。企业应严格遵守相关法律法规，确保客户数据的合法收集、存储和使用。同时，通过技术手段加强数据加密和访问控制，防止数据泄露和滥用。

6.3.3　客户服务与沟通渠道

在智慧农业客户关系管理中，客户服务与沟通渠道的优化是提升客户满意度、增强客户忠诚度的关键环节。随着科技的发展，客户对于服务的需求日益多样化、个性化，企业需要通过多种渠道与客户保持紧密联系，提供优质的服务。

企业应建立多渠道沟通平台，包括电话、邮件、短信、社交媒体、在线客服等。这些渠道各具特点，能够满足不同客户群体的需求。例如，电话和短信适合紧急情况的沟通和提醒，邮件和社交媒体则适用于发送通知、推广信息和收集客户反馈，在线客服则能够为客户提供即时、便捷的咨询服务。

在客户服务方面，企业应注重提升服务质量和效率。通过培训客服团队，提高他们的专业素养和服务意识，确保能够准确、快速地解答客户的问题和疑虑。同时，建立服务标准和流程，确保服务的规范性和一致性。此外，企业还应建立客户反馈机制，鼓励客户提出意见和建议，以便及时发现并改进服务中的不足。

为了提升客户体验，企业还可以尝试运用智能化技术，如 AI 客服、智能语音识别等。这些技术能够为客户提供更加便捷、高效的服务体验，同时减轻人工客服的负担。例如，AI 客服可以处理一些常见的问题和咨询，将复杂或特殊的问题转交给人工客服处理；智能语音识别则能够识别客户的语音指令，实现更加自然的交互体验。

6.3.4 客户忠诚度提升策略

在智慧农业领域，客户忠诚度是企业持续发展和市场竞争力的重要体现。为了提升客户忠诚度，企业需要从多个方面入手，制定并实施有效的策略。

提供优质的产品和服务是提升客户忠诚度的基石。企业应注重产品质量和性能的提升，确保产品能够满足客户的实际需求。同时，提供及时、专业、贴心的售后服务，解决客户在使用过程中遇到的问题和困扰。通过产品和服务的双重保障，增强客户对企业的信任和满意度。

个性化服务和定制化产品也是提升客户忠诚度的重要手段。企业应深入了解客户的个性化需求，提供量身定制的产品和服务方案。例如，根据客户的购买历史和偏好，推荐适合的产品组合和优惠活动；为客户提供专属的客服团队和优先的售后服务，提升客户的尊贵感和归属感。

建立客户忠诚度计划也是提升客户忠诚度的有效途径。企业可以设立积分奖励、会员等级、优惠券等机制，鼓励客户重复购买和推荐新客户。同时，通过定期举办客户活动、提供专属优惠等方式，增强与客户的互动和联系，提升客户的忠诚度和黏性。此外，企业还可以运用大数据和人工智能技术，对客户进行深度分析和挖掘。

6.4 农业品牌建设与市场推广

6.4.1 品牌定位与核心价值

品牌定位是智慧农业市场营销的基石，它决定了品牌在消费者心中的独特位置和形象。在智慧农业领域，品牌定位需要紧密结合农业产品的特性、目标市场的需求和竞争对手的情况。

要明确智慧农业产品的核心价值，这通常体现在产品的技术创新、品质保障、环保可持续等方面。例如，智慧农业企业可以强调其产品在提高农作物产量、减少化肥农药使用、优化水资源管理等方面的优势，以此作为品牌的核心价值。

在品牌定位过程中，还需要进行深入的市场调研，了解目标消费者的需求、偏好和购买行为。通过数据分析，可以识别出潜在的市场细分，如注重健康饮食的消费者、追求高效农业生产的农户等。针对不同细分市场，可以制定差异化的品牌定位策略，以满足不同消费者的需求。例如，对于注重健康饮食的消费者，品牌可以定位为“绿色、健康、智慧”的农产品提供者；对于追求高效农业生产的农户，品牌则可以强调其智能化、自动化、精准化的农业解决方案。

此外，品牌定位还需要考虑品牌的差异化优势，即品牌在市场上相对于竞争对手的独特之处。这可以通过技术创新、产品质量、客户服务等方面来体现。例如，智慧农业企业可以研发具有自主知识产权的智能农业设备，提供定制化的农业解决方案，或者建立完善的售后服务体系，以提升品牌的竞争力。

6.4.2 品牌形象设计与传播

品牌形象是消费者对品牌的整体认知和感受，它直接影响着消费者对品牌的信任和忠诚度。在智慧农业领域，品牌形象设计需要注重创新、环保和可持续发展的理念。要设计具有辨识度的品牌标识，包括品牌名称、标志、色彩等，以突出品牌的独特性和专业性。例如，可以采用绿色、蓝色等自然色调，结合智能科技的元素，设计出既符合农业属性又体现科技感的品牌标识。

在品牌形象传播方面，要充分利用各种媒体渠道，包括传统媒体（如电视、广播、报纸）和新媒体（如社交媒体、短视频平台、直播等），进行全方位的品牌宣传和推广。通过发布品牌故事、产品介绍、成功案例等内容，展示品牌的核心价值、技术创新和市场影响力。同时，还可以邀请行业专家等进行品牌代言或合作，提升品牌的知名度和美誉度。

此外，品牌形象传播还需要注重与消费者的互动和沟通。可以通过线上线下的活动、问卷调查、用户反馈等方式，收集消费者的意见和建议，不断优化产品和服务。同时，还可以建立品牌社群，鼓励消费者分享使用心得、交流经验，形成品牌口碑和忠诚度。

6.4.3 市场推广活动策划

市场推广活动是提升品牌知名度和市场份额的重要手段。在智慧农业领域，市场推广活动策划需要结合品牌定位、目标市场和消费者需求，制定具有创意和吸引力的活动方案。首先，要明确市场推广活动的目标，如提高品牌知名度、促进产品销售、增强客户黏性等。然后，根据目标确定具体的活动内容和形式，如新品发布会、技术研讨会、现场体验活动、促销活动等。在新品发布会方面，可以邀请媒体、行业专家、潜在客户等参加，展示新产品的技术创新和优势特点。通过现场演示、互动问答等方式，增强消费者对产品的认知和信任。技术研讨会则可以邀请行业内的专家学者进行专题讲座和交流，提升品牌在行业内的专业形象和影响力。现场体验活动可以让消费者亲身体验智慧农业产品的功能和效果，增强购买意愿。促销活动则可以通过打折、赠品、抽奖等方式，刺激消费者的购买行为。

此外，市场推广活动策划还需要注重活动的执行和效果评估。要确保活动方案的顺利实施，包括场地布置、人员分工、物资准备等方面。同时，要建立活动效果评估机制，通过数据分析、客户反馈等方式，评估活动的成效和不足之处，为今后的市场推广活动提供参考和改进方向。

7 智慧农业风险管理

7.1 农业风险识别与评估

在智慧农业的背景下，风险识别与评估是提高农业生产效率和保障农产品质量的关键环节。通过科学的风险识别与评估，农民和企业可以及时了解农业生产中可能遇到的各种风险，并采取相应的风险管理措施，从而降低生产损失，提高农业生产的稳定性和可持续性。

7.1.1 自然灾害风险评估方法

自然灾害风险评估是自然灾害风险研究的核心内容。科学地评估灾害风险是管理灾害风险的重要前提和基础，也是制定防灾减灾政策和措施的重要依据和手段。自然灾害风险评估方法主要包括以下几种类型。

（1）基于灾害预报的风险评估模型

基于灾害预报的风险评估模型是一种先进的评估方法，它通过分析致灾因子的物理条件、承灾体的暴露程度和脆弱性，评估灾害可能造成的损失。例如，HAZUS模型就是一个典型的基于灾害预报的风险评估模型。该模型由美国联邦应急管理署开发，通过GIS平台对地震、洪水、飓风等灾害进行损失估计。

HAZUS模型主要包括以下几个步骤：①潜在致灾因子评估。评估地震、洪水、飓风等致灾因子的可能强度。②暴露数据库。建立国家级别的暴露数据库，包括建筑物、关键设备、交通系统和生命线设施等数据。③直接损失评估。对于不同强度的致灾因子，以暴露水平和结构脆弱性为基础，评估财产损失。④间接损失评估。评估灾害事件所造成的次生损失，如地震引起的火灾损失等。⑤社会损失和经济损失评估。评估人员伤亡、转移家庭、暂时性避难所的需要，以及结构性和非结构性损失、重新安置成本等。

这种模型的优势在于能够用于实时风险评估，但需要较高的时间空间分辨率和准确的灾害预报数据。

（2）线性模型和指数模型

线性模型和指数模型是传统的灾害风险评估方法。这两种模型通过计算致灾因子的危险性、物理暴露、承灾体脆弱性以及人类防灾减灾能力的权重，评估灾害风险。这两种模型在表达人类社会可能损失方面存在不足，且需要专家对模型中的参数进行赋值，因此在学术上研究价值有限。

（3）基于历史灾损资料的风险评估方法

基于历史灾损资料的风险评估方法假定灾损风险可以用历史灾损资料表示。但是，这一假定并不完全正确。随着经济的快速发展，承灾体的物理暴露和脆弱性发生了很大变化，同样强度的自然灾害造成的经济损失绝对值大大增加，同时防灾抗灾能力也大大增强。因此，使用历史灾损资料来评估现在的灾害风险时，需要进行相关的订正。例如，对于农业灾损资料，需要进行订正以反映当前农业生产的实际情况。这包括农业产量、国内生产总值（GDP）和人口密度的变化，以及防灾减灾能力的提高等因素。订正后的灾损资料时间序列可以成为一个平稳的马尔可夫过程，用于风险评估。

基于历史灾损资料的风险评估方法的基本思路是：根据历史资料分

析、总结出自然灾害对承灾体造成灾害损失占GDP的百分比，以此作为风险分布函数。这种方法的关键是从历史资料中算出分布函数，需要较长时间的历史资料。另一种思路是在历史资料库中找出所评估的自然灾害强度和范围相似的若干个例，根据相似程度分别给予每个相似个例一定的权重，然后对相似个例的灾损资料进行必要的订正，最后对相似个例订正后的灾损资料进行加权求和，得到灾害的灾损风险值。

7.1.2 市场风险与价格波动分析

市场风险是指由于市场需求、价格变动、竞争格局等因素的不确定性，导致农业生产者遭受经济损失的风险。在智慧农业背景下，市场风险依然存在，但借助现代信息技术，农业生产者可以更加精准地掌握市场动态，降低市场风险。

(1) 市场需求的不确定性

市场需求是农业生产者最关心的因素之一。然而，市场需求往往受到多种因素的影响，如消费者偏好、经济发展水平、政策导向等。在智慧农业中，通过大数据分析，农业生产者可以实时掌握市场需求的变化趋势，从而调整生产计划和产品结构，减少因市场需求不确定性带来的风险。例如，通过对消费者购买行为的数据分析，农业生产者可以预测未来一段时间内某种农产品的需求量，从而合理安排生产，避免产能过剩或不足。

(2) 价格波动的风险

农产品价格受市场供需关系、生产成本、天气条件等多种因素的影响，价格波动较大。智慧农业通过物联网、传感器等技术，可以实时监测农产品的生长状况、产量预测等信息，为农业生产者提供定价依据。同时，借助电子商务平台，农业生产者可以更加便捷地获取市场价格信息，及时调整销售策略，减少因价格波动带来的经济损失。此外，智慧农业还可以通过建立农产品期货市场、期权市场等金融衍生品市场，为农业生产者提供价格风险管理工具，进一步降低价格波动风险。

(3) 竞争格局的变化

随着智慧农业的发展，农业生产者的竞争格局也在发生变化。在传统农业中，农业生产者往往面临的是本地市场的竞争；在智慧农业中，农业生产者需要面对的是更加广阔的市场和更加激烈的竞争。因此，农业生产者需要密切关注市场动态，了解竞争对手的生产情况、销售策略等信息，以便及时调整自己的竞争策略。智慧农业通过大数据、云计算等技术，可以实现对竞争对手的实时监控和分析，为农业生产者提供决策支持。

7.1.3 农业政策变动风险评估

农业政策是国家对农业生产进行宏观调控的重要手段，其变动对农业生产具有重要影响。智慧农业的发展使得农业生产者对农业政策的依赖性增强，因此，农业政策变动风险评估成为智慧农业风险管理的重要内容。

(1) 农业补贴政策的变动

农业补贴政策是国家为了支持农业发展而采取的一种政策措施。然而，随着农业产业的发展，如果国家财政压力增加，农业补贴政策可能会发生变化。智慧农业中，农业生产者需要密切关注国家农业补贴政策的变化趋势，以便及时调整自己的生产计划。例如，如果国家减少了对某种农产品的补贴力度，农业生产者就需要考虑缩小该农产品的生产规模或者寻找其他替代产品。

(2) 土地政策的变动

土地是农业生产的基础，土地政策的变动对农业生产具有重要影响。智慧农业中，农业生产者需要关注国家土地政策的变化趋势，以便及时调整自己的土地利用方式。例如，如果国家推行了土地流转政策，农业生产者就可以通过流转土地来扩大生产规模；如果国家加强了土地保护政策，农业生产者就需要更加注重土地的可持续利用。

(3) 农产品质量标准政策的变动

随着消费者对农产品质量要求的提高，国家对农产品质量标准的要求也越来越严格。智慧农业中，农业生产者需要密切关注国家农产品质量标准政策的变化趋势，以便及时调整自己的生产方式和产品质量。例如，如果国家提高了某种农产品的质量标准，农业生产者就需要加强生产管理，提高产品质量；如果国家推行了农产品追溯制度，农业生产者就需要建立完善的追溯体系，确保产品的可追溯性。

(4) 农业保险政策的变动

农业保险是农业生产者转移风险的一种重要方式。然而，随着农业保险市场的发展和国家政策的调整，农业保险政策也可能会发生变化。智慧农业中，农业生产者需要关注农业保险政策的变化趋势，以便及时选择合适的保险产品来转移风险。例如，如果国家提高了农业保险的补贴力度，农业生产者就可以考虑购买更多的保险产品来降低自己的风险；如果国家推出了新的农业保险产品，农业生产者就需要了解新产品的保障范围和保费情况，以便做出明智的选择。

7.2 智慧风险预警与防控机制

7.2.1 实时监控系统与数据分析

实时监控系统是智慧农业风险管理的基础，通过集成传感器、数据采集、物联网、视频监控以及智能分析等技术，实现了农田管理的智能化与自动化。这一系统不仅提高了农业生产效率，还降低了人力成本，为农业的可持续发展提供了有力支持。

（1）实时监控系统组成

实时监控系统主要由以下几部分组成。

多参数传感器：这些传感器能够实时监测农田中的各种环境参数，如土壤湿度、土壤温度、空气温湿度、光照强度、二氧化碳浓度、酸碱度等。这些数据是系统进行分析和决策的基础。

数据采集与传输设备：传感器采集到的数据通过无线或有线方式传输到数据中心或云平台，确保数据的实时性和准确性。

视频监控设备：高清网络摄像头被广泛应用于农田，提供昼夜不间断的监控服务。这些摄像头具备防水、防尘、耐候性强等特点，确保在恶劣环境下也能稳定工作。

智能分析系统：利用AI视频智能分析系统和大数据分析技术，对采集到的数据和视频进行实时处理和分析，提供精准的管理建议和决策支持。

远程控制设备：用户可以通过手机App、电脑等终端远程控制农田中的灌溉系统、施肥系统、温控系统等设备，实现远程操控和自动化管理。

（2）实时监控系统功能

环境监测：实时监测农田中的环境参数，形成数据报表和曲线图，方便用户随时查看和分析。

异常告警：设定告警阈值，当监测到异常数据时，系统会自动通过微信、短信、邮件等方式通知用户。

精准管理：基于实时数据和智能分析，提供精准的灌溉、施肥、温控等管理建议，提高农业生产效率。

视频监控：提供7×24小时高清视频监控服务，用户可以随时查看农田的实时情况，了解作物生长状态和病虫害情况。

（3）数据分析在风险管理中的作用

实时监控系统所采集的数据，通过大数据分析技术，能够揭示农业生产过程中的内在规律和潜在问题，为灾害预警和风险管理提供科学依据。具体作用如下。

整合多源数据：大数据技术能够整合多源、异构的农业数据，通过数据挖掘和分析，发现数据之间的关联和规律，为灾害预警提供科学依据。

构建预测模型：利用大数据技术构建农业灾害预测模型，通过历史数据和实时监测数据的分析，预测未来可能发生的灾害类型和程度。

风险评估与排序：大数据技术能够对农业灾害风险进行评估和排序，为决策者提供科学的决策支持，降低农业灾害风险。

例如，通过对历史灾害数据的挖掘和分析，可以识别出可能对农业生产造成影响的潜在风险因素。利用物联网、遥感等先进技术，实时监测农业生产环境中的气象、土壤、病虫害等关键参数，及时发现潜在风险。借助专家知识和经验，对识别出的风险进行评估和排序，为风险管理决策提供科学依据。

（4）实时监控系统的实际应用

实时监控系统已经在多个农业生产场景中得到了广泛应用，取得了显著成效。例如，在智能灌溉系统中，通过实时监测土壤湿度和作物生长状况，可以精准控制灌溉时间和水量，避免水资源浪费和作物水分胁迫。在智能温室中，通过监测空气温湿度、光照强度等参数，可以自动调节温室环境，为作物提供最适宜的生长条件。

7.2.2 风险预警模型构建与应用

风险预警模型是智慧农业风险管理的核心工具，通过构建科学的预警模型，可以实现对农业生产过程中潜在风险的早期识别和预警，为决策者提供及时有效的防范措施。

（1）风险预警模型构建方法

风险预警模型的构建需要综合运用多种技术和方法，包括统计分析、机器学习、深度学习等。具体步骤如下。

数据收集与预处理：收集历史灾害数据、实时监测数据以及相关气象、土壤、病虫害等数据，并进行数据清洗、缺失值处理、异常点检测等预处理工作。

特征选择与提取：从原始数据中提取对风险预警有重要影响的特征变量，如降雨量、温度、湿度、病虫害发生频率等。

模型选择与训练：根据特征变量的类型和特点，选择合适的预警模型，如线性回归、逻辑回归、支持向量机、神经网络等，并进行模型训练和优化。

模型验证与评估：通过交叉验证、留出法等方法对模型进行验证和评估，确保模型的准确性和可靠性。

模型部署与应用：将训练好的模型部署到实时监控系统中，实现对潜在风险的实时预警和预测。

（2）风险预警模型应用案例

气象灾害预警：通过集成气象监测设备和遥感技术，实时收集气温、降水、风速等气象数据，结合历史数据分析和模型预测，实现对极端天气事件的预警，如冰雹、大风、干旱等。当预测到即将发生气象灾害时，系统会自动通过短信、邮件等方式通知农户，以便及时采取措施。

病虫害预警：利用物联网技术和遥感影像数据，实时监测农田中的病虫害发生情况。通过构建病虫害预警模型，可以实现对病虫害的早期识别和预警。当预测到病虫害即将暴发时，系统会及时通知农户进行防治，避免病虫害扩散和蔓延。

作物生长异常预警：通过实时监测作物的生长状况和环境参数，构建作物生长异常预警模型。当作物生长出现异常时，如生长速度减慢、叶片变黄等，系统会自动发出预警信号，提醒农户及时采取措施，保障作物正常生长。

(3) 风险预警模型的优势

一是提高预警精度。通过综合运用多种技术和方法，构建科学的风险预警模型，可以显著提高预警的准确性和可靠性。二是增强防范能力。风险预警模型能够为农户提供及时的防范措施和建议，帮助农户提前做好应对准备，减少灾害损失。三是促进农业可持续发展。通过风险预警和防控机制的建立，可以降低农业生产过程中的风险和不确定性，提高农业生产的稳定性和可持续性。

(4) 风险预警模型的未来发展

随着物联网、遥感等技术的发展，未来智慧农业将实现多源数据的融合，提高预警模型的精度和实时性。人工智能和机器学习技术在灾害预警和风险管理中将发挥更大作用，实现更精准的风险评估和决策支持。同时，农业保险将与智慧农业技术相结合，为农民提供更全面的风险保障，降低灾害对农业生产的影响。

7.2.3 应急响应与防控措施制定

应急响应与防控措施制定是智慧农业风险预警与防控机制的重要组成部分。当风险预警系统发出警报时，迅速有效的应急响应能够最大限度地减少损失，保障农业生产的稳定进行。

(1) 应急响应体系构建

首先，需要构建一个完善的应急响应体系。该体系应包括应急指挥机构、应急响应队伍、应急物资储备等多个方面。应急指挥机构负责整体协调和指导应急响应工作，确保各部门间的信息畅通和协同作战。应急响应队伍则是由专业技术人员和志愿者组成的快速反应力量，负责在风险发生时第一时间到达现场，进行应急处置。应急物资储备则是为了保障应急响应工作的顺利进行，储备必要的救援设备、物资和药品等。

(2) 应急响应预案制定

针对不同类型的风险，应制定详细的应急响应预案。预案应明确风险发生时的应急响应流程、责任分工、处置措施等。例如，对于自然灾害风险，预案应包含气象监测预警、农田排水防涝、作物抢收抢种等措施；对于技术风险，预案应包含设备故障排查、系统恢复、数据备份等措施；对于市场风险，预案应包含市场调研、价格监控、销售渠道调整等措施。通过预案的制定和演练，可以提高应急响应的效率和准确性。

(3) 防控措施制定与实施

在应急响应的基础上，还需要制定具体的防控措施，以预防或减少风险的发生。防控措施的制定应根据风险类型、风险等级和风险影响等因素综合考虑。例如，对于自然灾害风险，可以采取加强农田基础设施建设、推广耐旱耐寒作物品种、建立灾害保险机制等措施；对于技术风险，可以采取加强技术研发和更新、完善技术标准和规范、加强技术人员培训等措施；对于市场风险，可以采取加强市场信息收集和分析、优化农业产业结构、提高农产品附加值等措施。

防控措施的实施需要政府、企业、农户等多方面的共同努力。政府应加大政策扶持力度，提供技术支持和资金保障；企业应加强技术创新和产品研发，提高市场竞争力；农户应增强风险意识，积极参与防控工作。通过多方面的合作，形成防控合力，共同应对智慧农业中的风险挑战。

7.2.4 防控效果评估与反馈机制

防控效果评估与反馈机制是智慧农业风险预警与防控机制的重要

环节。

(1) 防控效果评估指标体系构建

为了对防控效果进行客观准确的评估，需要构建一套科学的评估指标体系。评估指标体系应包括风险降低程度、经济损失减少情况、农业生产恢复速度等多个方面。例如，对于自然灾害风险的防控效果评估，可以设定农田受灾面积减少率、作物产量恢复率等指标；对于技术风险的防控效果评估，可以设定系统故障率降低幅度、数据丢失率减少幅度等指标；对于市场风险的防控效果评估，可以设定农产品价格波动幅度降低率、销售渠道拓展情况等指标。通过评估指标体系的构建，可以为防控效果评估提供明确的参考标准。

(2) 评估方法选择与应用

评估方法的选择应根据评估指标的特点和实际情况进行。常用的评估方法包括定量评估法和定性评估法。定量评估法是通过收集和分析相关数据，利用数学模型和统计方法进行量化分析，得出评估结果。例如，可以利用时间序列分析、回归分析等方法对经济损失减少情况进行评估。定性评估法则是通过专家打分、问卷调查等方式进行主观判断，得出评估结果。例如，可以邀请相关领域的专家对防控措施的实施效果进行打分评价。在实际应用中，可以根据评估指标的特点和需要，选择合适的评估方法进行评估。

(3) 评估结果分析与反馈

评估结果的分析是评估工作的关键环节。通过对评估结果的深入分析，可以了解防控措施的实施效果、存在的问题和不足，为后续的防控工作提供科学依据。例如，如果发现某类风险的防控效果不理想，可以分析原因，查找问题所在，提出改进措施。同时，还可以将评估结果与预期目标进行对比，分析差距和原因，为今后的防控工作提供参考。

评估结果的反馈是评估工作的最终目的。通过反馈机制，可以将评估结果及时传递给相关部门和人员，以便及时调整和完善防控措施。反馈机制可以包括定期报告、专题会议、网络发布等多种形式。例如，可以定期向政府相关部门报告评估结果，提出改进建议；可以召开专题会议，邀请相关领域的专家、学者和企业代表共同讨论评估结果和改进措施；可以通过网络平台发布评估结果，让更多的人了解智慧农业的风险防控工作，提高全社会的风险意识。

(4) 持续改进与优化

防控效果评估与反馈不是一次性的工作，而是一个持续改进和优化的过程。通过评估结果的反馈和分析，可以发现防控措施中存在的问题和不足，提出改进措施和优化建议。同时，随着智慧农业技术的不断发展和风险的不断变化，防控措施也需要不断更新和完善。因此，需要建立一个持续改进和优化的机制，定期对防控措施进行评估和调整，以适应新的风险挑战。

持续改进与优化的机制可以包括以下几个方面：一是建立定期评估制度，定期对防控措施的实施效果进行评估和分析；二是建立专家咨询机制，邀请相关领域的专家、学者为企业提供技术支持和咨询；三是加强技术研发和创新，不断引进新技术、新方法，提高防控措施的科学性和有效性；四是加强人员培训和教育，提高人员的风险意识和防控能力。通过持续改进和优化机制的建立，可以不断提高智慧农业的风险防控水平，保障农业生产的稳定进行。

7.3 农业保险与风险管理策略

农业保险作为一种重要的风险管理工具，通过经济补偿和分散风险的方式，帮助农民应对自然灾害、市场波动等风险，保障农业生产的稳定性和可持续性。智慧农业的发展为农业保险提供了新的机遇和挑战，通过大数据、物联网和人工智能等技术的应用，可以更精准地识别、评估和控制风险，提高农业保险服务的效率，扩大农业保险服务的覆盖面。

7.3.1 农业保险产品种类与特点

（1）农业保险产品种类

农业保险产品种类繁多，根据不同的风险类型和作物种类，可以分为多种类型，以满足农民多样化的风险保障需求。

粮食作物保险主要针对小麦、水稻、玉米等主要粮食作物，设计产量保险、收入保险等。产量保险根据作物的实际产量与约定产量的差额进行赔付，收入保险则保障农民因市场价格波动或自然灾害导致的收入损失。这些保险产品有助于稳定农民的基本收益，减少因自然灾害或市场波动带来的经济损失。

经济作物保险主要针对棉花、油料、糖料等经济作物，设计价格保险、产值保险等。价格保险根据农产品的市场价格与约定价格的差额进行赔付，产值保险则根据作物的实际产值与约定产值的差额进行赔付。这些保险产品有助于降低市场风险，保障农民的经济利益。

畜牧业保险主要针对养殖的畜禽产品，设计养殖保险、疫病保险等。养殖保险保障因自然灾害、疫病等原因导致的畜禽死亡或减产，疫病保险则专门保障因疫病导致的经济损失。这些保险产品有助于减轻养殖风险，提高畜牧业的生产稳定性。

天气指数保险基于气象数据设计，以天气指数为触发条件，快速定损和理赔。例如，当降雨量、温度等气象指标达到约定的阈值时，保险公司将自动触发赔付机制。这种保险产品具有赔付速度快、定损准确的特点，有助于农民及时获得经济补偿，恢复生产。

随着智慧农业的发展，一些创新型保险产品也应运而生。例如，基于物联网技术的智能农业保险，通过实时监测作物的生长环境和生长状况，精准评估风险并设计个性化的保险产品。这些保险产品具有更高的精准度和灵活性，能够更好地满足农民的风险保障需求。

（2）智慧农业保险特点

智慧农业保险的特点主要体现在以下几个方面。

数据驱动：智慧农业保险利用大数据、物联网和人工智能等技术手段，对农业生产数据进行深度分析和挖掘，精准评估风险并设计个性化的保险产品。

全程保障：智慧农业保险不仅关注农作物种植过程中可能发生的灾害风险，还涵盖了农产品的生产、保管、质量检测和销售等环节，提供全程保障。

灵活理赔：智慧农业保险采用智能化的理赔流程，能够快速定损和理赔，提高赔付效率。同时，农民还可以根据自己的需求选择各种保险产品，实现差异化的保障。

7.3.2 保险赔付流程与标准

农业保险的赔付流程通常包括报案、现场勘查、定损和理赔等环节。以下是农业保险赔付流程与标准的详细介绍。

（1）报案

农户受灾后，应及时向村级协保员报告受灾情况。村级协保员对损失进行现场初审，不构成保险责任的，向农户做好解释工作；对可能构成保险责任的，在 24 小时内报服务专线，并保护好标的物。同时，以村为单位填写受灾农户的损失清单，并上报乡镇保险专（兼）干。

（2）现场勘查

乡镇保险专（兼）干、村级协保员配合公司及专业技术人员的理赔小组进行现场查勘定损。在 15 个工作日内将到户损失情况进行张榜公示，并负责收集农户身份证号和一卡通等有关的理赔资料。对于边远受损农户或分散受损农户，县（市、区）保险公司应及时委托乡镇政府保险专（兼）干及时查勘现场，并做好复查工作。

（3）定损

农业保险的定损工作主要通过逐村（场、户）查单据、查现场、查情况，查对损失标的等步骤完成。种植业保险定损是在首次现场查勘的基础上进行复勘定损，严格按照各险种条款规定和颁发的相关《定损规程》，核定保险标的受损范围、面积、数量，以及通过科学的抽样测算，核定损失程度，定损到每个受灾农户。养殖业保险确定损失须按保险标的头数的保险金额确定损失，并做好证人、证据的笔录。

（4）理赔

赔款理算工作由农业保险经办机构负责。根据《报损清单》《现场查勘记录》《最终定损清单》，按户计算赔款，并制作各级《赔款发放明细表》。为了体现“轻灾少赔、重灾多赔、绝收全赔”的原则，部分损失赔偿分段测定赔偿系数，并按公式计算赔付金额。被保险的农作物幼苗期损失程度在70％以下（不含70％）的，视为部分损失；损失程度在30％以下（含30％）的，保险人不予赔偿。

农业保险赔付标准通常根据保险合同的约定来确定，包括保险金额、赔付比例、赔付限额等。在赔付过程中，保险公司会根据实际损失情况和保险合同的约定，计算出赔付金额，并及时将赔款发放给受灾农户。

7.3.3 风险分散与对冲策略

风险分散与对冲策略是农业风险管理的重要手段，通过多样化的投资组合和风险管理工具，降低农业生产中的风险暴露，提高风险承受能力。以下是几种主要的风险分散与对冲策略。

（1）多元化经营

多元化经营是降低农业生产风险的有效手段。农民可以通过种植多种作物或养殖多个品种，实现收入来源的多样化，减少单一作物或养殖品种带来的风险。例如，在种植粮食作物的同时，可以种植经济作物或发展养殖业，以平衡收益和风险。

（2）农业保险组合

农民可以通过购买多种农业保险产品，形成保险组合，以分散风险。例如，可以同时购买产量保险和价格保险，以应对自然灾害和市场波动带来的风险。通过保险组合，农民可以获得更全面的风险保障，降低经济损失。

（3）期货与期权市场

期货与期权市场是农业风险对冲的重要工具。农民可以通过参与期货市场，利用期货合约进行价格锁定，降低因市场价格波动带来的风险。同时，期权市场也为农民提供了更多的风险管理选择，可以通过购买期权合约来对冲风险。

（4）风险共担机制

风险共担机制是通过整合农业产业链上下游资源，形成风险共担的合作关系，共同应对风险。例如，农民可以与农产品加工企业、销售企业等建立紧密的合作关系，通过签订长期合同或合作协议，共同分担市场风险和生产风险。

7.3.4 保险与信贷结合的风险管理方案

保险与信贷结合的风险管理方案是一种创新的风险管理方式，通过保险和信贷的有机结合，为农民提供更全面的风险保障和资金支持。以下是几种主要的保险与信贷结合的风险管理方案。

（1）“保险＋信贷”模式

“保险＋信贷”模式是指农民在购买农业保险的同时，向银行或金融机构申请贷款，以支持农业生产。在贷款期间，如果发生自然灾害或市场波动等风险事件，保险公司将按照保险合同的约定进行赔付，以减轻农民的经济负担。同时，银行或金融机构也可以获得一定的风险保障，降低贷款风险。

（2）保险贷款

保险贷款是指农民以购买的农业保险作为担保或抵押，向银行或金融机构申请贷款。在贷款期间，如果发生保险事故，保险公司将按照保险合同的约定进行赔付，并将赔款直接支付给银行或金融机构，用于偿还贷款本息。这种贷款方式既降低了银行或金融机构的贷款风险，也为农民提供了更便捷的资金支持。

（3）农业供应链金融

农业供应链金融是指通过整合农业产业链上下游资源，形成供应链金融平台，为农民提供全方位的金融服务。在供应链金融平台上，农民可以购买农业保险、申请贷款、销售农产品等，实现一站式服务。同时，供应链金融平台还可以为农民提供风险评估、信用评级等增值服务，帮助农民更好地管理风险。

（4）政府支持政策

政府可以通过制定相关政策，支持保险与信贷结合的风险管理方案。例如，政府可以提供保费补贴、贷款贴息等优惠政策，降低农民购买保险和申请贷款的成本；同时，政府还可以建立风险补偿机制，对发生自然灾害或市场波动等风险事件的农民进行补偿，以减轻其经济负担。

7.4 自然灾害与病虫害的智能防控

智慧农业在风险管理方面展现出了前所未有的潜力和优势，特别是在自然灾害与病虫害的智能防控上。通过集成物联网、大数据、人工智能等先进技术，智慧农业系统能够实时监测和预警自然灾害，有效防控病虫害，提高农业生产效率和产品质量。

7.4.1 智能气象监测与预警系统

智能气象监测与预警系统是智慧农业的重要组成部分，它通过部署在农田中的各类传感器，实时收集气温、湿度、降水、风速、风向、太阳辐射等多种关键气象和土壤参数。这些数据被迅速传输到中央处理平台，经过复杂的数据分析和模型运算，转化为直观易懂且具有实际指导意义的信息。

智能气象监测与预警系统的出现，彻底改变了传统农业依赖经验和直觉应对天气变化的局面。农民能够提前获取准确的气象预报，从而合理安排农事活动。例如，在预计有降雨来临之前，及时完成灌溉作业；在高温天气到来之前，提前采取降温措施，保障农作物的正常生长。

智能气象监测与预警系统还有助于优化资源配置。根据不同区域的气象条件和土壤状况，合理调整种植结构和品种选择，提高土地利用率和农作物的适应性。同时，长期积累的气象数据还能为农业科研提供宝贵的资料，推动农业技术的创新和发展。

在实际应用中，智能气象监测与预警系统已经展现出了显著的成效。在一些大型农场和农业示范区，通过精准的气象监测和科学的管理决策，农作物产量和质量得到了明显提升，同时水资源和肥料的使用也更加高效，实现了经济效益和环境效益的双赢。未来，随着技术的不断进步和应用的不断深化，智能气象监测与预警系统有望进一步完善和拓展功能，为农业生产提供更加精准、个性化的服务。

7.4.2 病虫害远程诊断与防治技术

病虫害远程诊断与防治技术是智慧农业在病虫害防控方面的另一项

重要创新。该技术通过高清摄像机和图像识别技术，实现对农作物病虫害的远程实时监测和诊断。农户可以尽可能地将发病植物的生长环境、远照、近照、局部照片、正反面照片、剖解照片等清晰全面的图片发送给专家，专家通过观察照片中的症状，结合询问地址、种植时期、肥料使用情况、药剂使用情况、虫害情况、农事操作、土壤性质、灌溉情况等信息，准确判定是何种病害，并给出防治建议。病虫害远程诊断与防治技术的优势在于，它能够突破地域限制，让专家远程为农户提供及时的病虫害防治指导。同时，通过图像识别技术和大数据分析，该技术能够实现对病虫害的精准识别和预警，提高防治效果，减少农药使用量，降低环境污染。

在实际应用中，病虫害远程诊断与防治技术已经取得了显著成效。一些地区通过建立病虫害远程诊断平台，实现了对农作物病虫害的实时监测和精准防治，有效提高了农作物的产量和质量。此外，该技术还能够为农业科研提供数据支持，推动病虫害防控技术的创新和发展。

然而，病虫害远程诊断与防治技术也面临一些挑战。例如，农户在拍摄照片时可能不够全面或清晰，导致专家难以准确判断病害类型；同时，该技术对专家的专业知识和经验要求较高，需要不断加强培训和人才队伍建设。

7.4.3 精准灌溉与施肥减少灾害影响

精准灌溉与施肥是智慧农业在减少灾害影响方面的又一重要手段。精准灌溉与施肥系统能够实时监测土壤水分和养分状况，实现水肥一体化管理，显著提高水肥利用率。精准灌溉与施肥系统还能够通过合理的水肥管理，改善土壤环境，提高农作物的抗逆性，减少病虫害的发生，并根据病虫害的发生情况，避免病虫害的扩散和蔓延。

在实际应用中，精准灌溉与施肥系统已经取得了显著成效。一些地区通过建立精准灌溉与施肥示范区，实现了对农作物生长环境的实时监测和精准管理，有效提高了农作物的产量和质量。同时，该系统还能够推动灌溉和施肥技术的创新和发展。

精准灌溉与施肥系统也面临一些挑战。例如，该系统需要部署大量的传感器和采集设备，成本较高；同时，系统的运行和维护也需要专业的技术人员进行操作和管理。因此，在推广和应用精准灌溉与施肥系统时，需要充分考虑成本效益和技术可行性。

7.4.4 灾害后恢复与重建策略

灾害后恢复与重建策略是智慧农业在风险管理方面的最后一道防线。当农作物遭受自然灾害或病虫害侵袭时，及时采取有效的恢复与重建策略，能够最大限度地减少损失，恢复农业生产能力。

灾害后恢复与重建策略包括以下几个方面。

一是灾害评估与诊断。在灾害发生后，立即对受灾农田进行实地调查和评估，了解灾害类型、程度、范围和影响，为后续恢复与重建工作提供依据。

二是土壤修复与改良。针对受灾农田的土壤状况，采取相应的修复与改良措施。例如，对于因洪水冲刷而流失的土壤，可以通过施肥、耕作等方式进行补充和改良；对于因病虫害侵袭而受损的土壤，可以通过消毒、杀菌等方式进行处理。

三是作物补种与改种。根据灾害评估结果和土壤修复情况，选择合适的作物进行补种或改种。对于受灾严重的农田，可以考虑种植一些生长周期短、抗逆性强的作物，以尽快恢复农业生产能力。

四是加强病虫害防治。在灾害恢复与重建过程中，要加强病虫害防治工作。通过安装防虫网、喷洒农药等方式，防止病虫害的再次侵袭和扩散。同时，要加强田间管理，提高农作物的抗逆性，降低病虫害发生率。

五是政策扶持与资金援助。政府应加大对受灾农田的政策扶持和资金援助力度，为农户提供必要的资金和技术支持，帮助他们尽快恢复农业生产能力。同时，可以建立农业保险制度，为农户提供风险保障，降低灾害带来的经济损失。

六是技术培训与推广。加强对农户的技术培训和推广工作，提高他们的农业技能和知识水平。通过举办培训班、现场示范等方式，向农户传授先进的农业技术和管理经验，帮助他们更好地应对自然灾害和病虫害的挑战。

8 智慧农业人才培养与团队建设

8.1 农业信息化人才需求分析

8.1.1 智慧农业领域人才缺口

随着智慧农业的快速发展，农业信息化领域的人才需求日益旺盛。然而，当前的人才供给却难以满足这一需求，形成了显著的人才缺口。这一缺口主要体现在以下几个方面。

一是技术研发人才短缺。智慧农业涉及的技术领域广泛，包括物联网技术、大数据技术、云计算技术等。这些技术的研发和应用需要具有深厚专业知识和实践经验的人才。然而，目前市场上具备这些技能的人才相对较少，难以满足智慧农业快速发展的需求。

二是运营管理人才匮乏。智慧农业项目的实施和运营需要专业的管理人才来负责项目的规划、执行和监控。然而，由于智慧农业是一个新兴领域，专业的管理人才相对较少，导致项目管理水平参差不齐。

三是市场推广和营销人才不足。智慧农业产品的推广和营销需要专业的市场营销人才来制定营销策略、拓展市场渠道和提升品牌影响力。然而，目前市场上具备农业信息化背景的市场营销人才相对较少，难以满足智慧农业市场推广的需求。

8.1.2 不同岗位的人才需求特点

智慧农业领域的人才需求呈现出多样化的特点，不同岗位对人才的需求也各不相同。

技术研发岗位是智慧农业领域的核心岗位之一。这些岗位需要人才具备扎实的计算机基础知识，熟悉物联网、大数据、云计算等前沿技术，并具备将这些技术应用于农业生产实践的能力。技术研发人才还需要具备创新思维和解决问题的能力，能够不断推动技术的创新和应用。

运营管理岗位需要人才具备丰富的项目管理经验和良好的沟通协调能力。这些人才需要能够制订项目的实施计划、监控项目的进度和质量，并协调各方资源以确保项目的顺利进行。运营管理人才还需要具备敏锐的市场洞察力，能够及时发现市场变化和潜在风险，为项目的成功实施提供有力保障。

市场推广和营销岗位需要人才具备市场营销专业知识和农业信息化背景，具备良好的沟通能力和客户服务意识，能够与客户建立长期稳定的合作关系。

数据分析岗位是智慧农业领域的重要岗位之一。这些岗位需要人才具备数据分析能力和统计学知识，能够处理和分析大量的农业数据，为农业生产提供决策支持。数据分析人才还需要能够不断挖掘数据的潜在价值并推动数据的创新应用。

8.1.3 未来人才发展趋势预测

随着智慧农业的深入发展和技术的不断进步，未来农业信息化人才的需求将呈现出以下趋势。

一是复合型人才需求增加。未来智慧农业领域将更加注重人才的综合素质和跨学科能力。具备计算机、农业、管理等多学科背景的人才将更受欢迎。这些人才能够跨越不同领域进行交流和合作，推动智慧农业的创新发展。

二是技术创新人才需求持续旺盛。随着物联网、大数据、人工智能等技术的不断发展，智慧农业领域对技术创新人才的需求将持续旺盛。这些人才需要不断学习和掌握新技术，推动智慧农业技术的不断创新和应用。

三是国际化人才需求增长。随着全球化的加速推进和农业国际合作的不断深入，未来智慧农业领域对国际化人才的需求将不断增长。这些人才需要具备跨文化沟通能力和国际视野，能够参与国际农业合作项目并推动智慧农业的国际化发展。

四是人才培养体系不断完善。未来智慧农业领域将更加注重人才培养体系的完善。高校、科研机构和企业将加强合作，共同构建多层次、多形式的人才培养体系，为智慧农业的发展提供源源不断的人才支持。

8.1.4　人才培养与市场需求对接

一是加强校企合作。高校和科研机构应加强与企业的合作，共同制定人才培养方案和课程体系。通过校企合作，可以使学生更好地了解市场需求和行业动态，提高其实践能力和就业竞争力。同时，企业也可以借助高校和科研机构的科研力量，推动技术创新和产业升级。

二是完善实训基地建设。实训基地建设是人才培养的重要环节之一。应加大对实训基地的投入和建设力度，为学生提供更多的实践机会和平台。通过实训基地的建设，可以使学生更好地掌握专业技能和实践经验，提高其综合素质和就业能力。

三是加强职业培训。职业培训是提升人才素质和技能的重要途径之一。应加强对农业信息化人才的职业培训力度，提高其专业技能和综合素质。通过职业培训，可以使人才更好地适应市场需求和行业变化，提高其就业竞争力和职业发展能力。

四是建立人才评价体系。建立科学、合理的人才评价体系是人才培养与市场需求对接的重要保障。应根据市场需求和行业特点，制定相应的人才评价标准和方法。通过人才评价体系的建立，可以客观地评估人才的素质和能力水平，为用人单位提供有力的人才支持。

五是推动人才流动和交流。人才流动和交流是人才培养与市场需求对接的重要手段之一。应鼓励和支持人才在不同领域、不同地区和不同企业之间的流动和交流。

六是加强政策引导和支持。政府应加大对智慧农业人才培养的政策引导和支持力度。通过制定相关政策、提供资金支持和税收优惠等措施，鼓励高校、科研机构和企业加强人才培养和合作。同时，政府还应加强对智慧农业产业的扶持和引导力度，推动产业的快速发展和升级。

8.2 智慧农业人才培养体系构建

构建智慧农业人才培养体系，是实现智慧农业人才高质量供给的重要保障。这一体系的构建需要综合考虑行业需求、技术发展以及人才培养的可持续性，确保培养出的人才能够适应智慧农业发展的实际需求。

8.2.1 课程体系与教学内容设计

课程体系是人才培养的基础，对于智慧农业人才的培养而言，课程体系的设计尤为重要。智慧农业涉及的知识体系广泛，包括农业科学、信息技术、数据分析、物联网技术、人工智能等多个领域。因此，课程体系的设计需要体现跨学科的特点，实现多学科知识的有机融合。在课程体系的设计中，应首先明确培养目标，即培养具备智慧农业理念、掌握现代信息技术、能够解决农业生产实际问题的高素质复合型人才。基于此目标，可以将课程体系划分为三个层次：基础知识层、专业知识层和实践能力层。基础知识层主要包括数学、物理、化学等自然科学基础课程，以及计算机科学、信息技术等信息技术基础课程。这些课程为学生打下坚实的理论基础，为后续专业知识的学习提供支撑。专业知识层则涵盖农业科学、信息技术在农业中的应用、数据分析与决策支持、物联网技术与智能设备等核心课程。这些课程旨在培养学生的专业素养，使其掌握智慧农业领域的核心知识和技能。实践能力层则强调学生的实践能力和创新能力的培养。通过课程设计、实验实训、项目实践等多种形式，使学生能够在实际操作中深化对理论知识的理解，提升解决实际问题的能力。

在教学内容的设计上，应注重理论与实践的结合，强化案例教学和实践教学。通过引入真实案例，使学生能够了解智慧农业的实际应用场景和问题解决策略。此外，教学内容还应紧跟技术发展前沿，不断更新和完善。随着信息技术的快速发展，智慧农业领域的新技术、新方法层出不穷。因此，教学内容应及时反映这些新技术、新方法，使学生能够掌握最新的知识和技能。

8.2.2 实践教学与实训基地建设

实践教学是智慧农业人才培养的重要环节，也是提升学生实践能力和创新能力的重要途径。为了加强实践教学，需要建设一批高质量的实训基地。实训基地的建设应紧密结合行业需求和技术发展，模拟真实的智慧农业生产环境。通过建设智能温室、智能养殖场、智能农机装备等实训基地，使学生能够在实际环境中学习和掌握智慧农业技术的操作和应用。

在实训基地的建设中，应注重设备的先进性和实用性。选择具有代表性和先进性的智能设备，确保学生能够接触到最新的技术和产品。同时，设备应具有实用性，能够满足实际生产的需求，使学生能够真正掌握智慧农业技术的核心技能。

实训基地还应具备完善的教学和管理体系。制定科学的教学计划和教学方案，确保实践教学的有序进行。同时，加强实训基地的管理和维护，确保设备的正常运行和实训基地的安全。

为了提升实践教学的效果，还可以引入虚拟仿真技术。通过虚拟仿真软件，模拟真实的智慧农业生产环境和操作过程，使学生能够在没有实际设备的情况下进行学习和实践。这不仅可以降低实训成本，还可以提高实践教学的灵活性和便捷性。

8.2.3 校企合作与产学研结合

校企合作与产学研结合是提升智慧农业人才培养质量的重要途径。通过与企业合作，学校可以了解行业需求和技术发展趋势，为人才培养提供有力的支持。在校企合作中，学校可以与企业共同制定人才培养方案和教学计划，确保人才培养与行业需求的高度契合。同时，邀请企业专家参与课程教学和实践指导，使学生能够接触到最新的技术和实践经验。

学校还可以与企业合作开展科研项目和技术研发。通过科研项目和技术研发，不仅可以提升教师的科研能力和学术水平，还可以为学生提供更多的实践机会和创新平台。在科研过程中，学生能够深入了解智慧农业技术的核心原理和创新点，提升其创新能力和实践能力。

产学研结合还可以促进科技成果的转化和应用。通过与企业合作，学校可以将科研成果转化为实际生产力，推动智慧农业技术的普及和应用。这不仅有助于提升企业的竞争力和创新能力，还可以为人才培养提供更多的实践机会和就业渠道。

在校企合作与产学研结合的过程中，应注重合作机制的创新和完善。建立科学的合作机制和利益分配机制，确保合作双方的权益得到保障。同时，加强合作双方的沟通和交流，促进信息的共享和资源的互补，推动合作项目的顺利进行。

8.2.4 人才培养质量评估与反馈

人才培养质量评估是确保人才培养质量的重要手段。通过评估，可以了解人才培养的效果和存在的问题，为改进人才培养提供有力的依据。

在人才培养质量评估中，应制定科学的评估指标和评估方法。评估指标可以包括学生的知识掌握程度、实践能力、创新能力等多个方面。评估方法可以采用问卷调查、考试测试、项目评审等多种形式。通过评估指标的设定和评估方法的运用，可以全面、客观地了解人才培养的效果。

在评估过程中，应注重数据的收集和分析。通过收集学生的学习成绩、实践成果、科研项目等数据，进行统计和分析，了解人才培养的整体情况和个体差异。同时，对评估结果进行反馈和整改。根据评估结果，找出人才培养中存在的问题和不足，制定针对性的整改措施和改进方案。通过反馈和整改，不断提升人才培养的质量和水平。

此外，可以建立人才培养质量跟踪机制。通过跟踪毕业生的就业情况、职业发展情况等信息，了解人才培养的长期效果和社会认可度。根据跟踪结果，对人才培养体系进行持续优化和改进，确保人才培养的质量与行业需求的高度契合。

在人才培养质量评估与反馈的过程中，应注重评估结果的公开和透明。将评估结果向社会公开，接受社会监督和检验。这不仅可以提升人才培养的公信力和认可度，还可以促进人才培养体系的不断完善和优化。

8.3 团队建设与激励机制设计

8.3.1 团队组建与结构优化

团队组建是智慧农业项目成功的第一步。在组建团队时，应充分考虑项目需求、技术难度、市场趋势等因素，确保团队成员在技能、经验和专业背景上形成互补。

一是明确团队目标。团队目标应与智慧农业项目的整体目标保持一致，具有明确性、可衡量性和可达成性。通过设定清晰的短期和长期目标，引导团队成员朝着共同的方向努力。

二是选拔合适人才。根据项目需求，选拔具有相关专业背景、技能和经验的团队成员。在选拔过程中，应注重考察候选人的综合素质、创新思维和团队协作能力。

三是优化团队结构。团队结构应根据项目规模、技术难度和团队成员的特点进行合理设计。通过明确团队成员的角色和职责，确保各项工作得到有效落实。同时，应保持团队结构的灵活性，以便根据项目进展和成员变化进行调整。

四是建立沟通机制。良好的沟通机制是团队高效运作的保障。应建立定期会议、工作汇报、问题反馈等沟通渠道，确保团队成员之间的信息流通顺畅。此外，应鼓励团队成员之间的非正式交流，以促进团队凝聚力和创新思维的激发。

8.3.2 团队成员能力提升途径

在智慧农业领域，团队成员的能力提升是保持团队竞争力的关键。通过持续学习、实践锻炼和团队协作，不断提升团队成员的专业技能和综合素质。

一是专业培训。组织定期的专业培训课程，邀请行业专家、学者进行授课，帮助团队成员掌握最新的技术动态和行业动态。同时，鼓励团队成员参加各类学术会议、研讨会等活动，拓宽视野，提升专业素养。

二是实践锻炼。通过参与智慧农业项目实践，让团队成员在实践中学习、成长。在项目实践中，团队成员可以深入了解项目需求、技术难点和解决方案，提升解决实际问题的能力。同时，通过实践锻炼，团队成员还可以积累宝贵的项目经验，为未来的职业发展奠定基础。

三是团队协作。团队协作是提升团队成员能力的有效途径。通过团队协作，团队成员可以相互学习、相互启发，共同解决项目中的问题和挑战。在团队协作中，应注重培养团队成员的沟通能力和团队协作精神，以确保团队整体效能的提升。

四是个人发展规划。为团队成员制定个人发展规划，帮助他们明确职业发展方向和目标。通过提供职业发展指导、培训机会和晋升机会，激发团队成员的积极性和创造力，促进团队成员的个人成长和职业发展。

8.3.3 绩效考核与激励机制设计

绩效考核与激励机制设计是激发团队成员积极性、提升团队效能的重要手段。通过科学合理的绩效考核和激励机制，可以确保团队成员的付出得到应有的回报和认可。

一是建立科学合理的绩效考核体系，明确考核指标和标准。绩效考核指标应涵盖工作成果、工作态度、团队协作等方面，确保考核结果的全面性和公正性。同时，应注重绩效考核的周期性和连续性，以便及时发现问题并采取相应措施进行改进。

二是根据绩效考核结果，采取相应的激励措施。对于表现优秀的团队成员，可以给予物质奖励（如奖金、晋升等）和精神奖励（如表彰、荣誉等），以激发他们的工作热情和创造力。对于表现一般的团队成员，可以通过培训、辅导等方式帮助他们提升能力，争取更好的表现。对于表现不佳的团队成员，则需要进行及时的沟通和反馈，帮助他们找出问题所在并制订改进计划。

三是激励机制的持续优化。激励机制应根据团队成员的需求和项目发展的变化进行持续优化。通过定期收集团队成员的反馈意见和建议，了解他们对激励机制的看法和需求，以便对激励机制进行调整和完善。同时，还应关注行业内的激励机制创新和实践案例，借鉴其成功经验并结合自身实际情况进行改进和创新。

四是绩效考核与激励机制的设计应注重公平性和透明性。通过公开考核标准、考核过程和考核结果，确保考核过程的公正性和透明度。同时，在激励措施的制定和执行过程中，也应注重公平性和一致性，避免出现偏袒或歧视的情况。

8.3.4 团队文化与氛围营造

团队文化与氛围是团队成员共同遵循的价值观和行为准则的体现。良好的团队文化和氛围可以激发团队成员的归属感和凝聚力，促进团队成员之间的相互信任和支持。

一是确立团队的核心价值观，明确团队所倡导的行为准则和价值取向。通过宣传、培训等方式，让团队成员深入理解和认同团队的核心价值观，并将其内化为自己的行为准则。

二是营造积极向上的团队氛围，鼓励团队成员勇于挑战、敢于创新。通过设立创新奖励、举办创新竞赛等方式，激发团队成员的创新意识和创造力。同时，还应注重团队成员之间的互相支持和帮助，形成团结友爱的团队氛围。

三是强化团队凝聚力。通过组织团建活动、庆祝重要节日等方式，增强团队成员之间的交流和互动，提升团队的凝聚力和归属感。在团建活动中，可以安排一些团队合作的游戏和挑战任务，让团队成员在轻松愉快的氛围中增进彼此之间的了解和信任。

四是倡导开放包容的文化，鼓励团队成员表达自己的观点和想法。通过设立意见箱、定期召开座谈会等方式，收集团队成员的意见和建议，为团队的发展提供有益的参考。同时，还应尊重团队成员的个性和差异，为他们提供展示自己才华的舞台和机会。

8.4 国内外智慧农业人才合作与交流

8.4.1 国际合作项目与学术交流

国际合作项目与学术交流是提升智慧农业人才素质、拓宽国际视野的重要途径。通过参与国际合作项目，不仅可以引进国际先进的农业技术和管理经验，还能在项目实施过程中培养一批具有国际视野和实际操作能力的智慧农业人才。

国际合作项目通常涉及跨国科研机构、高校和企业之间的联合研究和技术开发。这些项目往往以特定的农业问题为导向，通过多方合作，共同寻找解决方案。例如，在智慧农业领域，可以开展物联网、大数据、人工智能等技术在农业生产中的应用研究项目。通过与国际顶尖科研机构合作，我国智慧农业领域的研究人员可以接触到国际最新的科研成果和技术进展，从而提高自身的科研水平和创新能力。

学术交流是智慧农业人才培养不可或缺的一环。通过参加国际学术会议、研讨会和讲座，研究人员可以了解国际前沿的学术动态和研究成果，并与同行进行深入的交流和探讨。这种交流不仅可以促进学术合作，还能激发新的研究灵感和思路。我国还可以邀请国际知名专家来国内讲学，通过面对面的交流，进一步推动我国智慧农业领域的人才培养。

8.4.2 引进国外先进人才与技术

引进国外先进人才与技术是提升我国智慧农业水平的重要途径。

通过引进具有丰富经验和专业技能的国外人才，不仅可以快速提高我国智慧农业的技术水平，还能带动国内人才的成长和发展。为了吸引和留住国际一流人才，我国应制定具有竞争力的引进政策。这些政策可以包括提供具有吸引力的薪酬福利、职业发展机会和培训教育机会等。同时，还应营造良好的工作和生活环境，加大知识产权保护力度，为人才的创新成果提供法律保障。通过这些措施，可以吸引更多国际顶尖人才来我国从事智慧农业的研究和开发工作。

在引进国外先进技术的同时，还应注重技术的消化吸收和再创新。通过引进、消化、吸收、再创新的过程，可以将国外先进技术转化为适合我国国情的智慧农业技术体系。这不仅可以提高我国智慧农业的技术水平，还能培养一批具有创新能力的智慧农业人才。

建立国际合作平台是引进国外先进人才与技术的重要途径。这些平台可以包括国际联合实验室、国际合作研究中心等。通过这些平台，可以与国际顶尖科研机构和企业建立长期稳定的合作关系，共同开展智慧农业领域的研究和开发工作。还可以利用这些平台进行人才培养和学术交流，推动我国智慧农业领域的国际化发展。

8.4.3 国内智慧农业人才流动与合作

国内智慧农业人才的流动与合作是提升我国智慧农业整体水平的内在要求。通过人才流动和合作，可以促进知识和技术的传播与共享，提高智慧农业人才的综合素质和创新能力。

建立灵活的人才流动机制是促进智慧农业人才流动与合作的基础。这包括完善的人才市场体系、合理的薪酬激励机制和畅通的职业发展通道等。通过这些机制，可以吸引更多优秀人才投身智慧农业领域，同时也可以促进人才在不同地区、不同单位之间的流动和合作。

产学研合作是推动智慧农业人才流动与合作的有效途径。通过产学研合作，可以将高校和科研机构的科研成果转化为实际应用，也可以为企业培养一批具有实践经验和创新能力的智慧农业人才。这种合作模式不仅可以提高科研成果的转化率，还能促进人才的成长和发展。

建立人才交流平台是促进智慧农业人才流动与合作的重要手段。这些平台可以包括人才交流市场、人才交流网站等。通过这些平台，可以为智慧农业人才提供更多的交流和合作机会，促进知识和技术的传播与共享。同时，可以利用这些平台进行人才招聘和引进工作，推动我国智慧农业领域的快速发展。

8.4.4　智慧农业人才国际竞争力提升

提升智慧农业人才的国际竞争力是我国智慧农业发展的重要保障。通过提高人才的综合素质和创新能力，可以增强我国智慧农业在国际上的竞争力和影响力。

智慧农业是一个多学科交叉的领域，涉及农学、计算机科学、数据科学等多个学科领域。因此，在人才培养过程中应注重跨学科知识的融合和交叉。通过培养具有跨学科背景的智慧农业人才，可以提高他们的综合素质，从而更好地适应智慧农业的发展需求。

智慧农业的发展离不开实践操作能力的培养。在人才培养过程中应注重实践操作能力的培养和锻炼。通过实践操作和实习实训等方式，可以让智慧农业人才更好地掌握相关技术和方法，提高他们的实际操作能力。

创新能力是智慧农业人才的核心竞争力之一。在人才培养过程中应注重创新能力的培养和激发。通过提供创新实践机会、鼓励创新思维和创意等方式，可以激发智慧农业人才的创新潜能和创新动力，推动他们在智慧农业领域取得更多的创新成果。

国际化视野是提升智慧农业人才国际竞争力的重要方面。在人才培养过程中应注重国际化视野的培养和拓展。通过参加国际学术会议、赴国外学习和交流等方式，可以让智慧农业人才更好地了解国际前沿的学术动态和技术进展，提高他们的国际视野和跨文化交流能力。

9 智慧农业运营管理的未来趋势及展望

9.1 智慧农业运营管理的发展趋势

9.1.1 智能化与自动化水平提升

智慧农业的核心在于智能化与自动化技术的应用，这一趋势在未来将更加明显。随着传感器技术、机器视觉、深度学习等技术的不断进步，农业生产过程中的监测、控制和管理将实现更高程度的智能化。

（1）精准农业技术的普及

精准农业是智慧农业的重要组成部分，它利用传感器网络、遥感技术和地理信息系统等手段，实时监测农田的土壤湿度、养分含量、作物生长状况等关键信息，并根据这些信息为作物提供精准的灌溉、施肥、病虫害防治等服务。未来，随着传感器成本的降低和精度的提高，精准农业技术将更加普及，使农业生产更加高效、环保。

（2）自动化设备的广泛应用

自动化设备在智慧农业中的应用也是一大亮点。从无人驾驶的拖拉机、智能播种机到无人机，自动化设备正在逐步取代传统的人力劳动。这些设备不仅提高了农业生产效率，还减少了人力成本，降低了劳动强度。未来，随着机器人技术的进一步发展，自动化设备在智慧农业中的应用将更加广泛，包括作物收割、农产品加工等多个环节。

（3）智能决策支持系统的完善

智能决策支持系统是智慧农业运营管理的核心。它利用大数据分析、机器学习等技术，对农业生产数据进行深度挖掘和智能分析，为农业生产者提供科学、准确的决策支持。未来，随着算法的不断优化和数据的不断积累，智能决策支持系统将更加完善，能够为农业生产者提供更加精准、高效的决策服务。

9.1.2 产业链整合与协同管理

智慧农业的发展不限于农业生产环节，还涉及农产品加工、销售、物流等多个环节。未来，智慧农业将更加注重产业链整合与协同管理，以实现整个产业链的智能化和高效化。

（1）产业链上下游的紧密合作

在智慧农业背景下，产业链上下游企业之间的合作将更加紧密。农业生产者、农产品加工企业、销售商和物流公司等将形成紧密的合作关系，共同推动农业生产的高效、环保和可持续发展。这种合作模式不仅有助于降低生产成本，提高产品质量，还能增强整个产业链的竞争力。

（2）信息化平台的搭建

信息化平台是实现产业链整合与协同管理的关键。通过搭建统一的信息化平台，可以实现产业链上下游企业之间的信息共享和协同作业。例如，农业生产者可以通过平台实时了解市场需求和价格信息，从而调整生产计划；销售商可以通过平台实时掌握农产品的库存和物流情况，以便及时补货和销售。未来，随着云计算、物联网等技术的不断发展，信息化平台将更加完善，为产业链整合与协同管理提供强有力的支持。

（3）供应链金融的创新

供应链金融是智慧农业产业链整合与协同管理的重要一环。通过引入金融科技手段，可以为产业链上下游企业提供更加便捷、高效的金融服务。例如，利用区块链技术实现供应链的透明化和可追溯性，降低融资风险；利用大数据分析技术评估企业的信用状况，提供个性化的融资方案。未来，随着金融科技的不断创新和发展，供应链金融将在智慧农业产业链整合与协同管理中发挥更加重要的作用。

9.1.3　绿色可持续发展理念深化

绿色可持续发展是智慧农业的重要目标之一。未来，随着全球气候变化和资源环境压力的加剧，智慧农业将更加注重绿色可持续发展理念的深化和实践。

（1）资源节约与循环利用

在智慧农业中，资源节约与循环利用是实现绿色可持续发展的关键。通过采用节水灌溉、精准施肥、废弃物资源化利用等技术手段，可以有效降低农业生产过程中的资源消耗和环境污染。未来，随着这些技术的不断推广和应用，农业生产将更加注重资源的节约和循环利用，实现可持续发展。

（2）生态农业的推广

生态农业是智慧农业绿色可持续发展的重要方向。它强调在农业生产过程中保持生态系统的平衡和稳定，通过种植绿肥作物、轮作休耕、生物多样性保护等手段，提高土壤的肥力和生态系统的抵抗力。未来，随着生态农业技术的不断发展和完善，它将逐渐成为智慧农业的主流模式之一。

（3）碳汇农业的探索

碳汇农业是智慧农业在应对全球气候变化方面的重要尝试。它利用农业生态系统的固碳能力，通过种植固碳作物、改良土壤结构等手段，将大气中的二氧化碳固定下来，并转化为有机物质储存在土壤中。未来，随着碳汇农业技术的不断研究和探索，它将成为智慧农业绿色可持续发展的重要组成部分。

9.1.4 智慧农业服务模式的创新

智慧农业的发展不仅带来了技术上的变革，还催生了新的服务模式。未来，智慧农业将更加注重服务模式的创新，以满足农业生产者的多样化需求。

（1）定制化服务

定制化服务是智慧农业服务模式创新的重要方向。它根据农业生产者的具体需求和实际情况，提供个性化的服务方案。例如，针对不同类型的农田和作物，提供定制化的灌溉、施肥和病虫害防治方案；针对不同类型的农业生产者，提供定制化的技术培训和管理咨询服务。未来，随着定制化服务技术的不断发展和完善，它将为农业生产者提供更加精准、高效的服务。

（2）共享服务

共享服务是智慧农业服务模式创新的另一种形式。它利用共享经济理念，将农业生产过程中的闲置资源进行有效整合和利用。例如，通过搭建共享农机平台，实现农机的共享和租赁；通过搭建共享农产品销售平台，实现农产品的共享和销售。未来，随着共享经济在智慧农业中的不断发展和应用，它将为农业生产者提供更加便捷、高效的服务。

（3）一站式服务

一站式服务是智慧农业服务模式创新的又一重要方向。它整合了农业生产过程中的多个环节和服务，为农业生产者提供全方位、一站式的服务。例如，从农田规划、种子选育、种植管理到农产品加工、销售和物流等各个环节，都提供一站式的服务支持。未来，随着一站式服务技术的不断发展和完善，它将为农业生产者提供更加全面、高效的服务。

9.2　面临的挑战与机遇

9.2.1　技术瓶颈与研发难题

智慧农业的发展离不开先进技术的支持，然而，当前的技术瓶颈与研发难题成为制约其发展的重要因素。

物联网技术是实现智慧农业的基础，但现有的物联网设备在农业环境中的稳定性和耐用性仍有待提高。农业环境复杂多变，对设备的防水、防尘、防腐蚀等性能要求较高，而现有的物联网设备往往难以满足这些要求，导致设备故障率高，维护成本高。此外，物联网设备的通信距离和信号稳定性也存在问题，特别是在偏远地区，由于网络基础设施薄弱，物联网设备的通信效果大打折扣，影响了数据的实时传输和处理。

大数据和人工智能技术在智慧农业中的应用也面临挑战。虽然大数据和人工智能技术为农业决策提供了有力支持，但数据的准确性和完整性却成为制约其应用效果的关键因素。农业数据的采集往往依赖于传感器等物联网设备，而由于设备性能、环境因素等原因，采集到的数据可能存在误差或缺失，导致分析结果不准确。此外，人工智能技术的算法模型也需要不断优化和改进，以适应不同作物、不同生长环境的需求。

智慧农业系统的集成度和互操作性也是当前的技术难题。不同厂商提供的智慧农业系统往往采用不同的技术标准和通信协议，导致系统之间的集成和互操作困难重重。这不仅增加了用户的使用成本，也限制了智慧农业系统的推广和应用。

9.2.2　资金投入与政策扶持

智慧农业的发展需要大量的资金投入和政策扶持。然而，当前的资金投入不足和政策扶持力度不够成为制约其发展的重要因素。

智慧农业的建设和运营需要高昂的资金投入。物联网设备、大数据平台、人工智能系统等都需要大量的资金投入进行研发、生产和维护。由于农业行业的特殊性，其投资回报周期往往较长，且存在较大的不确定性，导致社会对智慧农业的投资意愿不强。此外，由于农业行业的整体盈利水平相对较低，农业企业自身的资金实力有限，难以承担智慧农业建设和运营的全部费用。

政策扶持力度不够也制约了智慧农业的发展。虽然国家已经出台了一系列支持智慧农业发展的政策措施，但在资金扶持、税收优惠、土地使用等方面仍存在不足。例如，在资金扶持方面，对于智慧农业项目的资金扶持往往有限，且申请流程烦琐，难以满足企业的实际需求；在税收优惠方面，对于智慧农业企业的税收优惠政策不够明确和具体，导致企业难以享受到真正的优惠；在土地使用方面，由于农业用地的特殊性，智慧农业项目的用地审批和土地使用成本较高，限制了项目的建设和运营。

9.2.3 农民接受度与培训需求

智慧农业的发展不仅需要先进的技术和资金支持，更需要广大农民的积极参与和配合。

当前农民的接受度和培训需求成为制约智慧农业发展的重要因素。一方面，由于传统农业观念的影响，部分农民对智慧农业持怀疑态度，他们习惯于传统的农业生产方式和管理模式，对于新技术、新设备的应用缺乏了解和信任。由于智慧农业技术的复杂性和专业性较强，农民往往难以掌握其使用方法和操作技能，导致他们对智慧农业的接受度不高。另一方面，由于智慧农业技术的快速发展和不断更新换代，农民需要不断学习和掌握新技术、新设备的使用方法和操作技能。然而，当前针对农民的智慧农业技术培训体系尚不完善，培训内容和方式难以满足农民的实际需求。此外，由于培训资源有限，部分地区的农民难以获得及时有效的培训支持。

9.2.4　市场需求与产业升级机遇

随着消费者对食品安全和品质要求的不断提高以及农业产业结构的优化升级，智慧农业面临着巨大的市场需求和产业升级机遇。消费者对食品安全和品质要求的不断提高为智慧农业的发展提供了广阔的市场空间。传统农业在生产过程中往往难以保证食品的安全和品质，而智慧农业通过应用物联网、大数据、人工智能等技术手段，可以实现农产品的全程追溯和精准管理，提高农产品的安全性和品质水平。这符合消费者对食品安全和品质的需求，为智慧农业的发展提供了广阔的市场空间。

农业产业结构的优化升级为智慧农业的发展提供了有力的支撑。随着农业产业结构的不断调整和优化，传统农业逐渐向现代农业转型。在这个过程中，智慧农业作为现代农业的重要组成部分，发挥着越来越重要的作用。通过应用智慧农业技术，可以提高农业生产效率和管理水平，降低生产成本和环境污染，推动农业产业的可持续发展。

9.3　未来发展策略与建议

9.3.1　加强技术创新与研发投入

技术创新是推动智慧农业发展的核心动力。未来，智慧农业运营管理需要在以下几个方面加强技术创新与研发投入。

一是物联网技术的深化应用。物联网技术是实现农业环境监控、作物生长监测和智能灌溉等功能的基础。未来应进一步研发高精度、低功耗的传感器和智能设备，提高数据采集的准确性和实时性。同时，加强物联网平台的建设，实现数据的统一管理和高效分析，为农业生产提供更加精准的服务。

二是大数据与云计算技术的融合应用。大数据和云计算技术能够处理和分析海量的农业数据，挖掘出有价值的信息，为农业生产提供决策支持。未来应加大在大数据算法、云计算架构和数据处理能力等方面的研发投入，提升数据处理的效率和准确性。同时，构建农业大数据平台，实现数据的共享和开放，促进农业数据的价值最大化。

三是人工智能技术的广泛应用。人工智能技术能够模拟人类的智能行为，实现农业生产的自动化和智能化。未来应重点研发基于深度学习的作物病虫害识别、基于机器视觉的智能采摘和基于自然语言处理的农业知识问答等人工智能技术，提高农业生产的智能化水平。同时，加强人工智能技术在农业装备和农机具上的应用，推动农业装备的智能化升级。

四是区块链技术的探索应用。区块链技术具有去中心化、不可篡改和可追溯等特点，在农产品溯源、农业供应链管理和农业金融服务等方面具有广阔的应用前景。未来应积极探索区块链技术在智慧农业中的应用模式，构建基于区块链的农产品溯源系统和农业供应链金融平台，提高农产品的安全性和农业金融服务的便捷性。

9.3.2 完善政策扶持与资金投入机制

政策扶持和资金投入是推动智慧农业发展的重要保障。

政府应出台针对智慧农业的专项扶持政策，包括财政补贴、税收优惠、土地使用优惠等，降低智慧农业项目的建设和运营成本。同时，建立智慧农业项目审批绿色通道，简化审批流程，提高审批效率。政府应设立智慧农业发展专项资金，用于支持智慧农业技术研发、示范推广和项目建设。应鼓励社会投入智慧农业领域，通过政府引导基金、风险投资、产业基金等多种形式，形成多元化的资金投入机制。

智慧农业项目往往面临技术风险、市场风险和政策风险等。政府应建立风险保障机制，为智慧农业项目提供风险保障和补偿。例如，设立智慧农业风险补偿基金，对自然灾害、技术失败等原因导致的损失进行补偿；建立智慧农业保险制度，为智慧农业项目提供保险保障。

智慧农业是全球性的发展趋势。政府应加强与国际组织和先进国家在智慧农业领域的合作与交流，引进国外先进的技术和管理经验，推动智慧农业的国际化发展。同时，鼓励国内企业“走出去”，参与国际智慧农业项目的建设和运营，提升我国智慧农业的国际竞争力。

9.3.3 提升农民素质与技能培训

农民是智慧农业发展的主体和受益者。提升农民素质与技能培训是推动智慧农业发展的重要环节。未来，应从几个方面加强农民素质与技能培训。

一是普及智慧农业知识。通过举办培训班、讲座和现场演示等形式，向农民普及智慧农业的基本概念、技术原理和应用场景，提高农民对智慧农业的认知度和接受度。同时，利用电视、广播、互联网等媒体平台，广泛宣传智慧农业的成功案例和典型经验，激发农民参与智慧农业的积极性。

二是开展技能培训。针对智慧农业的不同应用场景和技术需求，开展针对性的技能培训。例如，针对智能灌溉系统，培训农民如何操作和维护灌溉设备；针对农产品溯源系统，培训农民如何录入和管理农产品信息。通过技能培训，提高农民的技术水平和操作能力，使农民能够更好地应用智慧农业技术。

三是培育高素质农民。高素质农民是智慧农业发展的重要力量。政府应加大对高素质农民的培育力度，通过政策扶持、资金支持和教育培训等措施，吸引和留住一批有文化、懂技术、善经营、会管理的高素质农民。同时，建立高素质农民数据库和人才库，为智慧农业的发展提供人才保障。

四是推动农民创新创业。鼓励农民利用智慧农业技术进行创新创业，通过创办家庭农场、合作社和农业企业等形式，发展特色农业和农产品加工业。政府应提供创业指导、资金支持和市场信息服务等支持措施，降低农民的创业风险和成本。同时，加强农民创新创业的示范和推广工作，形成一批具有示范带动作用的智慧农业创新创业典型。

9.3.4 推动智慧农业与产业融合发展

智慧农业与产业融合发展是推动智慧农业可持续发展的重要途径。

一是促进农业与信息技术的深度融合。加强农业与信息技术在技术研发、产品开发和市场推广等方面的合作与交流，推动信息技术在农业生产、经营和管理等各个环节的广泛应用。通过信息技术的赋能作用，提升农业产业的智能化水平和竞争力。

二是推动农业与第二、三产业的融合发展。加强农业与工业、服务业等产业的融合发展，形成农业产业链和价值链的延伸和拓展。例如，通过发展农产品加工业和农业旅游业等产业，提高农产品的附加值和市场竞争力；通过发展农业服务业，为农业生产提供全方位的服务支持。通过产业融合发展，推动农业产业的转型升级和可持续发展。

三是构建智慧农业产业生态体系。以智慧农业为核心，构建包括技术研发、设备制造、系统集成、运营服务、人才培养等在内的智慧农业产业生态体系。通过生态体系的构建，促进智慧农业产业链上下游企业的协同发展，形成优势互补、资源共享的产业格局。同时，加强智慧农业产业生态体系与外部环境的互动和协同，推动智慧农业产业的开放发展和创新发展。

四是推动智慧农业区域协同发展。加强不同地区之间在智慧农业领域的合作与交流，推动智慧农业的区域协同发展。通过区域协同发展，实现智慧农业技术的共享和资源的优化配置，提高智慧农业的整体效益和竞争力。同时，根据不同地区的资源禀赋和产业特点，形成具有区域特色的智慧农业发展模式和发展路径。

参 考 文 献

常雯媛，2024. 乡村振兴背景下智慧农业的发展路径［J］. 农村科学实验（21）：178－180.

杜朋轩，2024. 基于鸿蒙操作系统的智慧农业系统的建设研究［J］. 科技资讯，22（22）：38－40.

杜浦，杨丹旭，时雅婷，等，2024. 借鉴国际经验加快我国智慧农业发展［J］. 江苏农业科学，52（20）：10－17.

韩二锋，2024. 解读绍兴智慧农业发展路径［J］. 黑龙江粮食（10）：74－76.

李然，2024. 乡村振兴背景下智慧农业技术创新和可持续发展［J］. 农村实用技术（11）：54－55.

李祯，庄卓，2025. 基于 BIM 的智慧农业温室大棚建模分析［J］. 农机化研究，47（3）：217－221.

罗慧，2024. 大数据背景下基于物联网的智慧农业与乡村振兴发展［J］. 中国农机装备（11）：96－98.

吕爽，蔡珊珊，2024. 乡村振兴战略下智慧农业发展路径研究［J］. 中国农机装备（10）：99－101.

王小兵，刘洋，梁栋，等，2024. 强力推进智慧农业建设加快形成农业新质生产力［J］. 农业大数据学报，6（4）：469－475.

王欣，李学馨，姚银邦，等，2024. 智慧农业背景下江苏智慧蚕桑发展的机遇和对策分析［J］. 中国蚕业，45（4）：26－31.

谢振华，2024. 智慧农业销售大数据离线处理架构设计与实现［J］. 电脑与信息技术，32（5）：98－100.
徐春绵，2024. 物联网技术在智慧农业中的应用［J］. 南方农机，55（22）：51－54.
徐敏，2024. 基于物联网技术的智慧农业平台的设计与实现［J］. 网络安全和信息化（11）：79－82.
杨会甲，王亚平，张亚军，2024. 融合物联网的智慧农业实践研究［J］. 物联网技术，14（11）：101－103.
佚名，2024. 以创新关键技术推动智慧农业发展［J］. 农村新技术（11）：82.
张晨阳，2024. 智慧农业技术对农业经济效益的影响与评估［J］. 河北农机（20）：64－66.
张嘉欣，庄卫东，2024. 农机智能化助力智慧农业长远发展［J］. 现代化农业（12）：83－86.
张羽鑫，2024. 智慧农业对农业经济的推动作用研究［J］. 河南农业（22）：7－9.
赵耀辉，2024. 智慧农业技术在农业经济中的应用与影响［J］. 中国农机装备（12）：89－91.
赵毅，凤姣，张润卓，等，2024. 乡村振兴战略背景下辽宁省智慧农业物流发展与对策研究［J］. 农场经济管理（11）：33－35.
赵宇，2024. 物联网在智慧农业领域的应用［J］. 物联网技术，14（10）：123－125.
庄渊，2024. 以物联网技术为支撑的智慧农业发展探索［J］. 棉花学报，36（6）：538.